UWE STEFFEN

und deinen Nächsten wie dich selbst

Variationen über das Thema
Selbstliebe, Nächstenliebe, Gottesliebe

Breklumer Verlag

2. neubearbeitete Auflage 1977

Gesamtherstellung: Breklumer Druckerei Manfred Siegel
Printed in Germany
ISBN 3 7793 0504 6

Inhalt

Gottesliebe - Nächstenliebe - Selbstliebe

Vorwort zur zweiten Auflage

»Eure Nächstenliebe ist eure schlechte Liebe zu euch selber. Ihr flüchtet zum Nächsten vor euch selber und möchtet euch daraus eine Tugend machen: aber ich durchschaue euer ›Selbstloses‹. – Ihr haltet es mit euch selber nicht aus und liebt euch nicht genug: nun wollt ihr den Nächsten zur Liebe verführen und euch mit seinem Irrtum vergolden. Ich wollte, ihr hieltet es nicht aus mit allerlei Nächsten; so müßtet ihr aus euch selber euren Freund schaffen. – Also spricht der Narr: ›Der Umgang mit Menschen verdirbt den Charakter, sonderlich wenn man keinen hat‹. Der Eine geht zum Nächsten, weil er sich sucht, und der Andere, weil er sich verlieren möchte. Eure schlechte Liebe zu euch selber macht euch aus der Einsamkeit ein Gefängnis.«[1]

Mit diesen Worten hat Nietzsche, der scharfsichtige Kritiker des Christentums, den inneren Zusammenhang von Nächstenliebe und Selbstliebe aufgedeckt: Ein falsches Verhältnis des Menschen zu sich selbst verfälscht sein Verhältnis zum Mitmenschen. Er hat damit den Finger auf einen wunden Punkt der kirchlichen Verkündigung gelegt. Sie läuft gemeinhin darauf hinaus, der Christ solle nicht an sich selbst denken, sondern nur für andere dasein. Nächstenliebe und Selbstliebe werden in einem unvereinbaren Gegensatz gesehen.

Nicht zufällig sind in dem vom Christentum beein-

1 Friedrich Nietzsche, Also sprach Zarathustra. (Reclam-Ausgabe) Stuttgart 1950, S. 56 f.

flußten Sprachgebrauch die Wörter, die eine positive Beziehung zum Selbst ausdrücken, negativ besetzt. Zum Beispiel wird Selbstliebe von vornherein als Egoismus verstanden, Selbstbewußtsein als Selbstgerechtigkeit interpretiert und Selbstverwirklichung als Selbsterlösung verdächtigt. Umgekehrt sind die Wörter, die eine negative Beziehung zum Selbst ausdrücken, positiv besetzt. Zum Beispiel gelten Selbstverleugnung, Selbstentäußerung, Selbstaufopferung und Selbstlosigkeit als christliche Tugenden.

Es ist nur allzu verständlich, wenn in Widerspruch und Auflehnung gegen diese Haltung das Pendel in die entgegengesetzte Richtung ausgeschlagen ist. In derselben Einseitigkeit, in der es zuvor um die Nächstenliebe ging, geht es der jüngeren Generation um die Selbstverwirklichung. Die Suche nach sich selbst, so formulierte es ein Siebzehnjähriger und sprach damit aus, was viele seiner Altersgenossen denken, ist »stärker als alles andere«.[2] Das ist ein entscheidender Grund dafür, weshalb von dieser Generation die kirchliche Verkündigung als »überwiegend negativ«, ja als »lebenshemmend und lebensverneinend« empfunden wird. Es ist der kirchlichen Verkündigung nicht gelungen, deutlich zu machen, daß die Werte der Selbstfindung und Selbstverwirklichung im Leben des Christen ihr Recht haben.[3]

2 Metamorphose des Narziß. Die Jugend entdeckt Dali. Hrsg. von K. Gallwitz, Hamburg 1971, S. 46

3 Auswertung der religionsgeschichtlichen Untersuchungen »Gottesdienst in einer rationalen Welt« im 20. Studienseminar der VELKD in Pullach (Nov. 1973), Arbeitspapier »Zur Diskrepanz der Wertsysteme«, S. 2

Der englische Analytiker James Hillman sagte in einer Vorlesung, die er vor Geistlichen hielt: »Der Klerus hat lange Zeit darauf gedrungen, daß man seinen Nächsten lieben müsse, aber diese Liebe ging zu häufig auf Kosten der Liebe zu sich selbst – besonders da dieses Selbst von Anfang als sündig gebrandmarkt wurde. Die Liebe wurde als Forderung auferlegt, als eine Ermahnung, die Nächsten und sogar Feinde zu lieben; zu lieben, wo ich nicht lieben kann und keine Liebe fühle. Selbst wo meine Liebe nicht strömt, werde ich doch gedrängt, Liebe durch den Willen in Aktion zu setzen. Aber die Entwicklung der Gefühlsseite der Persönlichkeit fängt oft nicht mit Gefühlen für einen anderen Menschen an, sondern mit Gefühlen für einen selbst.«[4]

Damit ist schon angedeutet, daß Selbstverwirklichung und Mitmenschlichkeit, Selbstliebe und Nächstenliebe keine unvereinbaren Gegensätze sein müssen. Psychoanalytiker, Sozialpsychologen und Mediziner bestätigen heute in großer Einmütigkeit die Richtigkeit der Worte Nietzsches. Einige Sätze von Professor Dr. Arthur Jores mögen hier stellvertretend für viele stehen:

»Die Grundlage aller Liebe ist die Selbstliebe. Nehme ich mich selbst an, so wie ich bin, ist damit die erste und wichtigste Voraussetzung geschaffen für ein zufriedenes Leben und für die Liebesfähigkeit. Nur wenn ich mich selbst als wertvoll, als liebenswert erfahre, kann ich Liebe spenden. Die Nächsten-

4 James Hillman, Die Begegnung mit sich selbst. Psychologie und Religion. Stuttgart 1969, S. 114

liebe hat die Selbstliebe zur Voraussetzung. Nächstenliebe heißt also nicht, wie oft so falsch verstanden, Aufopferung des Eigenen zugunsten des Anderen. Liebe deinen Nächsten wie dich selbst. Jener oft zitierte und oft mißverstandene Satz bringt ganz klar und eindrücklich zum Ausdruck, daß die Selbstliebe und die Nächstenliebe völlig gleichwertig nebeneinander stehen, voneinander abhängig sind und ohne einander nicht bestehen können.«[5]

Daß Nächstenliebe und Selbstliebe nicht in einem unvereinbaren Gegensatz, sondern in einer unauflöslichen Wechselbeziehung stehen, wird im ersten Teil dieses Buches an Hand von literarischen Beispielen und psychologischen Einsichten belegt.

Steht diese Erkenntnis im Widerspruch zu den Aussagen der Bibel? Oder hat die kirchliche Verkündigung die Aussagen der Bibel falsch interpretiert? Was steht hinter der negativen Beurteilung der Beziehung des Menschen zu sich selbst? Muß Selbstliebe immer Egoismus sein? Oder gibt es eine Selbstliebe, die weder im Widerspruch zur Nächstenliebe noch im Widerspruch zur Gottesliebe steht? Müssen Selbstliebe und Selbstlosigkeit einander ausschließen? Gibt es eine Selbstaufopferung, in der sich der Mensch nicht aufgibt, sondern findet? Diese und andere Fragen werden im zweiten Teil dieses Buches an Hand von biblischen Texten und theologischen Interpretationen erörtert.

Ratzeburg, im März 1977 — Uwe Steffen

5 Arthur Jores, Menschsein als Auftrag. Bern/Stuttgart 1967, S. 110 ff.

Selbstliebe und Nächstenliebe

»Es ist der Glaube weit verbreitet, daß es zwar eine Tugend ist, andere zu lieben, aber eine Sünde, sich selbst zu lieben. Man ist der Ansicht, daß man in dem Maße, in dem man sich selbst liebt, die anderen nicht liebt, daß Selbstliebe also dasselbe ist wie Selbstsucht.
Aber: Die Liebe zu anderen und die Liebe zu uns selbst ist keine Alternative. Ganz im Gegenteil: Die Liebe zu uns selbst findet sich bei allen, die fähig sind, andere zu lieben.«

Erich Fromm

Selbstlosigkeit und Selbstliebe

Von der Liebe zu Gott und von der Liebe zum Nächsten sprechen die Christen viel, aber nur sehr selten von der Liebe zu sich selbst. Ja, es gibt nicht wenige Christen, die es für unchristlich halten, sich selbst zu lieben, weil doch der Mensch in der Nachfolge Christi sich selbst verleugnen und weil seine Liebe selbstlos sein soll. Vielleicht gibt es deshalb unter den Christen so viel verkrampften Verzicht, so viel selbstquälerische Aufopferung, so viel Verneinung des Leibes und der Lust.

Kritische Analysen haben ergeben, daß vieles, was als Nächstenliebe ausgegeben wird, »auf einen noch vor sich selber verborgenen Egoismus« hinausläuft[1], und daß manches, was als Selbstlosigkeit erscheint, krankhafter Art ist. Ein bekannter Psychoanalytiker hat einmal von der »neurotischen Selbstlosigkeit«[2] gesprochen, die man bei nicht wenigen Menschen beobachten kann, besonders bei denen, die unter Depressionen, Müdigkeit, Arbeitsunfähigkeit oder Versagen in Liebesbeziehungen leiden. Sie ist ein Symptom der Neurose, die C. G. Jung als »Entzweiung mit sich selbst« definiert hat.[3] Die neurotische Selbstlosigkeit wird aber nicht als Symptom empfunden, sondern gilt häufig als der einzig positive Charakterzug, den man sich zugute hält. Ein solcher »selbstloser« Mensch beteuert immer wieder, daß er ja gar nichts für sich will, sondern nur für andere lebt. Dabei ist er im Grunde unglücklich, denn der Mangel an Liebe und Fürsorge für sich selbst läßt ihn leer und enttäuscht zurück. Er findet auch kein richtiges Verhältnis zu denen, für die er sich selbstlos aufopfert. Nicht selten seufzen diese schwer unter der sie verpflichtenden Diktatur der selbstlosen Aufopferung. Die Analyse zeigt, daß der neurotisch selbstlose Mensch »in seiner Fähigkeit zu lieben und zur Freude gelähmt ist, daß er von Feindschaft gegen das Leben erfüllt ist und daß sich hinter der Fassade der Selbstlosigkeit eine starke, wenn auch unbewußte Egozentrizität verbirgt«.[4] Die neurotische Selbstlosigkeit geht also letztlich auf dieselbe Wurzel zurück wie die Selbstsucht; denn auch der Selbstsüchtige ist im Grunde unglücklich und darum ängstlich darauf bedacht, sich das Glück, das er sich selbst verbaut hat, gierig durch alle Arten von Selbstbefriedigungen zu verschaffen. Er ist unfähig, andere zu lieben, weil er sich selbst nicht liebt.

In unserer Kultur begegnet uns die neurotische Selbstlosigkeit vor allem in der Gestalt der »selbstlosen« Mutter. Sie glaubt – so der Psychoanalytiker – »daß die Kinder durch ihre Selbstlosigkeit erkennen, was es heißt, geliebt zu werden, und daß sie andererseits dadurch erkennen und lernen, was lieben heißt. Die Wirkung ihrer Selbstlosigkeit entspricht jedoch keineswegs ihren Erwartungen. Die Kinder zeigen nicht das Glück von Menschen, die überzeugt sind, geliebt zu werden; sie sind ängstlich, angespannt, fürchten die Mißbilligung der Mutter und bemühen sich ständig, ihren Erwartungen zu entsprechen. Gewöhnlich werden sie von der versteckten Lebensfeindlichkeit und Lebensangst ihrer Mutter angesteckt, die sie nicht so sehr bewußt erkennen als vielmehr spüren. Alles in allem ist die Wirkung der ›selbstlosen‹ Mutter von der der selbstsüchtigen gar nicht so verschieden; vielmehr ist sie häufig noch schlimmer, weil die Selbstlosigkeit der Mutter die Kinder davon abhält, sie zu kritisieren. Sie leben unter dem Zwang, die Mutter nicht zu enttäuschen; unter der Maske der Tugend lehrt man sie, das Leben zu verachten. Wenn man die Möglichkeit hat, die Wirkung einer Mutter mit echter Selbstliebe zu beobachten, kann man feststellen, daß es für ein Kind und sein Erlebnis dessen, was Liebe, Freude und Glück sind, nichts Förderlicheres gibt, als von einer Mutter geliebt zu werden, die sich selbst liebt.«[5]

Es ist deutlich: Selbstliebe und Selbstlosigkeit stehen nicht im Widerspruch, sondern in einer lebendigen Wechselbeziehung zueinander: Verneinung der Selbstliebe führt zu neurotischer Selbstlosigkeit. Wahre Selbstliebe ermöglicht wahre Selbstlosigkeit. Die Selbstliebe bewahrt die Selbstlosigkeit davor, zur Selbstaufgabe zu entarten. Die Selbstlosigkeit bewahrt die Selbstliebe davor, zur Selbstsucht zu entarten.

Es ist also falsch, Selbstliebe von vornherein mit Selbstsucht gleichzusetzen. Selbstsucht ist vielmehr die Folge mangelnder Selbstliebe und steht damit im Gegensatz zur Selbstliebe. Der selbstsüchtige Mensch ist genauso unfähig sich selbst wie andere zu lieben. Es ist nicht so, daß ein Mensch in dem Maße, in dem er sich selbst liebt, die andern nicht liebt; sondern umgekehrt: In dem Maße, in dem er sich selbst liebt und bejaht, wird er fähig, andere zu lieben und zu bejahen. Man kann darum auch sagen: Selbstliebe und Nächstenliebe stehen nicht im Widerspruch, sondern in einer lebendigen Wechselbeziehung zueinander.

Der Nervenarzt und Psychotherapeut Fritz Künkel († 1956) hat den alten Gegensatz »Egoismus — Altruismus« (von lat. alter = der andere) durch den Gegensatz »Ichhaftigkeit — Wirhaftigkeit« ersetzt. Nicht das Ich, sondern das Wir ist für ihn das wahre Selbst des Menschen. Aber: »Der wirhafte Mensch soll nicht etwa, wie ein Altruist, auf die natürlichen Strebungen und Ziele — die man unzulänglich, aber einigermaßen verständlich als ›Selbsterhaltung‹ beschreibt — im Sinne einer Selbstüberwindung oder gar einer Selbstabtötung Verzicht leisten. Im Gegenteil, je wirhafter er wird, um so mehr werden seine lebendigsten Ziele erreicht und seine tiefsten Werte verwirklicht.«[6] Künkel, der eine Synthese von Tiefenpsychologie und Religion anstrebte, ging noch einen Schritt weiter. Für ihn führt der Weg der religiösen Erziehung vom Ich über das Wir zu Gott: »Es geht um das eigentliche Ziel der Geschichte, um den Willen Gottes: Seine Wege und Mittel müssen die Wege und Mittel der menschlichen Entwicklung sein.«[7] So stehen bei ihm Ich, Wir und Gott in einer lebendigen Wechselbeziehung.

Wenn es »Sünde« wäre, sich selbst zu lieben, wenn es im Widerspruch zur Nächstenliebe stände, wie könnte dann Jesus sagen: »Liebe deinen Nächsten wie dich selbst!«[8] Dieses Wort besagt — noch einmal sei der Psychoanalytiker zitiert — »daß die Achtung vor der eigenen Integrität und Einmaligkeit, die Liebe zu sich selbst und das Verständnis für sich selbst nicht von der Achtung, der Liebe und dem Verständnis getrennt werden können, die ich für andere empfinde. Die Liebe zu mir selbst ist mit der Liebe zu einem anderen Wesen untrennbar verbunden.«[9]

Diese Erkenntnis ist nicht neu. Schon Meister Eckehart formulierte sie in einer seiner Predigten: »Hast du dich selbst lieb, so hast du alle Menschen lieb wie dich selbst. Solange du einen einzigen Menschen weniger lieb hast als dich selbst, so hast du dich selbst nie wahrhaft lieb gewonnen, — wenn du nicht alle Menschen so lieb hast wie dich selbst, in einem Menschen alle Menschen; und dieser Mensch ist Gott und Mensch. So steht es recht mit einem solchen Menschen, der sich selbst lieb hat und alle Menschen so lieb wie sich selbst, und mit dem ist es gar recht bestellt.«[10]

Selbstliebe und Eigenliebe

So gewiß die Selbstliebe nicht von vornherein als Eigenliebe (Egoismus) abgewertet werden darf, so gewiß ist sie doch ständig in der Gefahr, zur Eigenliebe zu entarten.
In der Eigenliebe entartet das gesunde Streben nach Selbstverwirklichung zur krankhaften Selbstsucht. Sie hält das eigene Ich (ego) für den Mittelpunkt der Welt, um den sich alles dreht. Darum sieht sie die Welt falsch – so wie die Astronomen vor Kopernikus, die die Erde für den Mittelpunkt unseres Sonnensystems hielten, ein falsches Weltbild hatten.
In der Eigenliebe entartet die natürliche Bedürftigkeit des Menschen zur widernatürlichen Begierde. Dieser Egoismus ist so widernatürlich, wie der Egoismus einer Zelle unseres Organismus widernatürlich ist, die – auf sich selbst konzentriert – ihre eigenen Interessen der organischen Funktion des Ganzen vorzieht und den übrigen Zellen den Krieg erklärt. Das ist Krebs. Die Eigenliebe ist der Krebs, der den Organismus der Menschheit befallen hat und ihn zerstört.

Formen der Eigenliebe

Eine Form der Eigenliebe ist die Selbstverliebheit, die die Psychologen als *Narzißmus* bezeichnen. Narkissos war ein schöner Jüngling, von dem die griechische Sage erzählt. Als er sich selbst im Spiegel des

Wassers erblickte, verliebte er sich so heftig in sein eigenes Bild, daß er seinen Blick nicht davon losreißen konnte und sich in unerfüllter Liebe danach verzehrte.

Solche Selbstverliebtheit und Selbstbespiegelung ist unter Jugendlichen häufig. »Ich habe das oft erlebt«, erzählte ein junger Mann. »Da ging ein Spiegel rum, und alle guckten in den Spiegel rein und konnten stundenlang davorsitzen und sich betrachten. Ich hab das Gefühl gehabt, daß ich das, was um mich herum ist, vergesse . . .«[11] Selbstverliebtheit ist eine Entartung der Selbstliebe, weil sie über sich selbst den andern vergißt.

Rauschmittel dienen den Jugendlichen nicht selten dazu, das Bewußtsein zu erweitern und das wahre Selbst zu finden. Aber geschieht das wirklich? Gisela Bonn, die eine zeitlang unter Hippies lebte, erzählt von einem jungen Mann, der unter der Wirkung von LSD die angebliche Ausweitung der Persönlichkeit erlebte. Einer hielt ihm einen Spiegel vor: »Was siehst du?« Der junge Mann lachte: »Das bin ich, aber nimm das Ding weg, ich brauche es nicht, um mich hier, in der Luft, überall wiederzusehen.« Er glich Narziß. Er tänzelte hinter sich selber her, sah sich hier und fühlte sich dort und überall. Er wußte, daß sein Bild im Spiegel, wie sein inneres, auf dieser Welt verlorenes Ich, im Rausch aus dem Unendlichen zurückprojiziert, mit ihm identisch waren. Die Welt wurde für ihn zu einem einzigen großen Spiegel, der ihm in tausendfacher Brechung sein eigenes Bild zurückwarf. Sein Erlebnis steigerte sich zu höchstem Lebensgefühl bis zu einem Augenblick, in dem er mit der Gebärde eines sich verneigenden Tänzers gestand: »Ich möchte mich selber lieben.«[12] Es ist nur ein kleiner Schritt darüber hinaus, daß das »große Ich-Gefühl« religiös verklärt wird. Das Ich wird »zu einem letzten Absoluten inthronisiert, dem man in kultischer Verehrung und ethischer Hingabe verpflichtet ist. In dem so erhöhten Ich ist das Absolute anwesend. Es wird als Teil des Göttlichen erkannt«.[13] Selbstverliebtheit ist eine Entartung der Selbstliebe, weil sie das eigene Ich vergöttert.

Eine andere Form der Eigenliebe ist jene geschlechtliche Liebe, die die Psychologen als *Autoerotik* (autos = selbst; eros = Liebe) bezeichnen.[14] Auf der ersten Entwicklungsstufe des Sexualverhaltens geht es um die rein körperliche Befriedigung des Geschlechtstriebes. Das kann durch Selbstbefriedigung oder durch Sexualverkehr mit einem wahllos genommenen und ständig wechselnden Partner des eigenen oder des anderen Geschlechts geschehen. Im Grunde ist das nur eine gegenseitige Selbstbefriedigung, denn es kommt nicht zu einer Begegnung zwischen einem Ich und einem Du. Der andere wird nur als Objekt der Befriedigung der eigenen triebhaften Bedürfnisse gebraucht oder mißbraucht.
Auf der zweiten Entwicklungsstufe wird die Befriedigung nicht nur auf der körperlichen, sondern auch auf der seelisch-geistigen Ebene gesucht. Der andere ist nicht mehr nur Objekt der eigenen Triebbefriedigung, sondern Repräsentant des anderen Geschlechts. Der Mann sucht nach einem (nicht einem bestimmten) Mädchen, das er erobern kann, das Mädchen

nach einem (nicht einem bestimmten) starken Mann, dem es sich hingeben kann. »Das ist keine Selbstlosigkeit oder Selbstverleugnung, wie es einem oberflächlichen Beobachter scheinen könnte«, bemerkt eine Psychologin dazu, »denn möglicherweise werden ihre Taten und ihr Verhalten durch eine sehr rührige Selbstsucht und Ichbezogenheit bestimmt, wenn diese Beweggründe ihr auch verborgen bleiben mögen. Gewöhnlich ist es der Ausdruck einer eher unbewußten als bewußten Autoerotik, die häufig den Partner in die Irre führt. Vielleicht wünscht er sich aber gerade eine solche Frau, denn ihre instinktive Haltung ist wirklich das Gegenstück zu seinem eigenen physischen Drang.«[15]

Auf der dritten Entwicklungsstufe unterscheidet sich das geliebte Wesen von allen übrigen. Dennoch bleibt die Liebe im Bereich des Autoerotischen, weil sie weniger dem geliebten Menschen selbst gilt als vielmehr dem Bild aus dem eigenen Unbewußten, das der Liebende auf ihn projiziert. Wo die Projektion eine gegenseitige ist, haben Mann und Frau das Gefühl einer außergewöhnlichen inneren Zusammengehörigkeit, aber bei der ersten Berührung mit der Wirklichkeit kommt die große Ent-Täuschung. Die Anziehung, die der geliebte Mensch ausübte, beruhte gar nicht auf seiner individuellen Persönlichkeit, sondern darauf, daß er ein Spiegel war, der die unbewußte Seite des Liebenden widerspiegelte. So erweist sich letztenendes die vermeintliche Liebe dem tiefer dringenden Blick als Verliebtheit in das eigene Seelenbild, als ein unbewußter Narzißmus.

Erst wenn der Mensch das eigene Seelenbild in sich

selbst zurücknimmt und den anderen erkennt und annimmt, wie er wirklich ist, erst wenn er ihn als individuelle Persönlichkeit achtet und ihn um seiner selbst willen liebt, ist seine Liebe aus dem Bannkreis des Autoerotischen herausgetreten und frei geworden. Und dann erst wird der Mensch fähig zu wirklicher Hingabe an den anderen, wird er fähig, sich selbst zu verlieren an etwas, das über ihn selbst hinausreicht, und aufzugehen in einer größeren Einheit. Indem er sich vereint mit dem, was anders ist als er selbst, wird er ergänzt zur Ganzheit. Indem er sein beschränktes kleines Ich verliert an das, was größer ist als er selbst, gewinnt er sich selbst in einem größeren Zusammenhang wieder.

Die narzißtische Liebe hat auch eine gesellschaftspolitische Dimension. Alexander und Margarete Mitscherlich sprachen im Blick auf die Hitlerzeit von der *»narzißtischen Liebe zum Führer«*, in der Millionen Menschen ihr Ich-Ideal, die Vorstellung von sich selbst als Herrenmenschen, auf den Führer projizierten.[16] Der Führer trat als das auf narzißtischer Grundlage gewählte Liebesobjekt an die Stelle des Ich-Ideals, und Ich-Ideal und Ich fielen zusammen. Das Ich wurde zugunsten des Liebesobjekts aufgegeben. Es löste sich auf in den Ideen und Ansprüchen des Führers. Im Zustand der Hörigkeit, in dem das Ich seine kritische Distanz und Selbständigkeit aufgab, erniedrigten sich die Massen vor dem »geliebten Führer«, um durch ihn ein neues Selbstwertgefühl zu erlangen. Sie identifizierten sich so sehr mit ihm, daß sie ihm blindlings folgten und bedenken- und gewissenlos taten, was er befahl — bis zur Ausführung von Verbrechen. Die hörige Liebe machte sie blind, nämlich blind für die Realitäten. Sie legten die Welt nach den eigenen Selbstidealisierungsbedürfnissen aus — bis die Realität ihre Illusionen gewaltsam zerstörte. Selbstverliebtheit ist eine Entartung der Selbstliebe, weil sie blind macht für die Wirklichkeit. Die Mitscherlichs nannten diese auf Selbstwertbestätigung erpichte Liebe »eine deutsche Art zu lieben«.[17] Sie halten die Anfälligkeit für diese Art Liebesbeziehung der Deutschen zu ihren Idealen oder deren Inkarnationen für ein »kollektives Merkmal unseres Charakters«.[18] Sie sehen es demgegenüber als unsere Aufgabe an, von der narzißtischen Liebesform zur Anerkennung der Mitmenschen als Lebewesen mit gleichen Rechten zu kommen, die Fähigkeit des Mitleidens mit anderen Menschen zu entwickeln, die wir hinter unseren entstellenden Projektionen zuvor nie wahrgenommen haben, alles in allem: eine »reife Beziehung zu uns selbst, zu unseren Mitmenschen und zum Lauf der Welt« zu gewinnen.[19]

Eigenliebe und Nächstenliebe

Die Eigenliebe ist in theologischer Sicht Ausdruck jener tiefgreifenden Entfremdung des menschlichen Lebens, die die Bibel »Sünde« nennt. Sie entfremdet den Menschen gleichermaßen von sich selbst, von seinem Nächsten und von Gott, dem Grunde des Seins.[20] Durch die Selbstentfremdung wird die Selbstliebe zum Egoismus und gerät damit in Gegensatz zur Nächsten- und zur Gottesliebe. Der egoistische

Mensch braucht seinen Nächsten und Gott zur Bestätigung seiner selbst, ja er mißbraucht sie in mehr oder weniger sublimierter Form zur Befriedigung seiner sozialen und religiösen Bedürfnisse, zur Erfüllung und Vervollkommnung des eigenen Lebens. Die Eigenliebe will den andern für sich haben. Die Nächstenliebe will für den anderen da sein. Die Eigenliebe will sich gegenüber dem anderen durchsetzen und behaupten. Die Nächstenliebe achtet den anderen höher als sich selbst. Die Eigenliebe gilt dem Menschen, der ihr gefällt. Die Nächstenliebe wendet sich dem Menschen zu, der sie braucht. Die Eigenliebe gilt nur den Liebenswürdigen. Die Nächstengilt auch denen, die ihrer nicht würdig sind. Die Eigenliebe versucht, den anderen nach dem eigenen Bilde zu formen. Die Nächstenliebe nimmt den anderen an, wie er ist. Die Eigenliebe liebt die, die ihre Liebe erwidern. Die Nächstenliebe umfaßt auch die, die sie hassen und beleidigen. Die Eigenliebe schlägt in Haß um, wenn sie nicht erwidert wird. Die Nächstenliebe läßt sich durch nichts darin beirren, am anderen festzuhalten. Die Eigenliebe kann sich nicht überwinden, Schuld, die ihr zugefügt wurde, zu vergeben. Die Nächstenliebe ist allezeit zum Vergeben bereit. Die Eigenliebe kann Spannungen und Konflikte nicht ertragen. Die Nächstenliebe ist bereit und fähig, sie sachlich und geduldig auszutragen. Die Eigenliebe opfert den anderen, um das eigene Leben zu bewahren. Die Nächstenliebe opfert sich selbst, um das Leben des anderen zu bewahren. Die Eigenliebe meint letztlich immer sich selbst. Die Nächstenliebe meint letztlich immer den anderen. »Unsere Eigen-

liebe ist eine Anti-Liebe, weil Liebe Hingabe der eigenen Person an einen anderen Menschen ist. Die Eigenliebe ist eine Nicht-Hingabe der eigenen Person. Die Eigenliebe ist eine umgekehrte Liebe, ist zu sich selbst gekehrte Liebe« (Ernesto Cardenal).[21]
Wahre Selbstliebe dagegen steht nicht im Gegensatz zur Nächsten- und Gottesliebe. Ein Mensch, der seinen Nächsten liebt wie sich selbst, erkennt die Lebensrechte des anderen genauso an wie die eigenen und ist auf deren Verwirklichung genauso bedacht wie auf die der eigenen. Das Eintreten für den anderen und seine Rechte ist für ihn ein Teil der Selbstverwirklichung. Diese Selbstverwirklichung besteht weder im Ausleben der eigenen Triebhaftigkeit noch im Realisieren des eigenen Ich-Ideals, sondern ist auf die Tiefe der Wirklichkeit bezogen, die wir Gott nennen.
Um das rechte Verhältnis zu sich selbst, zu seinem Nächsten und zu Gott zu finden, bedarf der Mensch der Erlösung aus der Entfremdung, der Befreiung von der totalitären Herrschaft seines Ichs, der Heilung seiner Ichsucht und der Ausrichtung auf die Wirklichkeit. Dies geschieht in der Begegnung mit dem, dessen Leben nicht von Entfremdung verzerrt war, bei dem es keine Entfremdung zwischen ihm und Gott (»Ich und der Vater sind eins«) und darum auch keine Entfremdung zwischen ihm und sich selbst und zwischen ihm und dem Nächsten gab. Das Leben, das frei ist von Entfremdung, ist Liebe: Liebe zu Gott, zum Nächsten und zu sich selbst. Die Begegnung mit dieser Liebe ist dem Menschen eine Offenbarung. In ihr erkennt er, wie eigensüchtig er auch

in seinen vermeintlichen Liebestaten ist; aber zugleich erkennt er, daß er dennoch getragen und bejaht wird von der Liebe, die nicht das Ihre sucht. In dieser Begegnung wird Christus dem Menschen zum Gegenüber, zum Nächsten, in dem ihm zugleich Gott begegnet. Er »steht dafür ein, daß der Spiegel zerbricht (in dem wir uns selbst betrachten) und daß wir dazu gebracht werden, real zu sein. Er tut das darum, weil die Liebe die Welt real macht. Und Gott ist Liebe.«[22]

Selbsthaß und Nächstenhaß

Der Dichter Hermann Hesse ist heute in Amerika bei den jungen Menschen von vierzehn Jahren an aufwärts der meistgelesene Autor.[23] Sein Buch »Der Steppenwolf« wurde – nicht nur in Amerika – zum Buch einer neuen Generation. Der Steppenwolf Harry Haller – halb geistiges, halb triebhaftes Wesen – ist nach Hesses eigenen Worten »ein Beispiel dafür, daß ohne Liebe zu sich selbst auch die Nächstenliebe unmöglich ist, daß der Selbsthaß genau dasselbe ist und am Ende genau dieselbe grausige Isoliertheit und Verzweiflung erzeugt wie der grelle Egoismus«.[24] Der Erziehung seiner liebevollen, aber strengen und sehr frommen Eltern und Lehrer war es nicht gelungen, Harry Hallers Willen zu brechen und seine Persönlichkeit zu vernichten – dazu war er zu stolz und geistig; aber es war ihr gelungen, ihn zu lehren, sich selber zu hassen. Ja, es wurde ihm als christliche Tugend hingestellt, jeden Haß, dessen er fähig sei, vor allem und zuerst gegen sich selbst zu richten. Der Haß gegen sich selbst war ihm ebenso tief eingebläut wie die Liebe zu seinen Nächsten. Er machte auch die heldenhaftesten Versuche, seine Nächsten zu lieben – aber es gelang ihm nicht. Er blieb ein verzweifelter Außenseiter, der – mit der Liebesbitte im Herzen – beleidigte, zerstörte, litt und Schmerz bereitete.

Seinem Selbsthaß entsprang sein Bürgerhaß, der Haß

auf »diese Zufriedenheit, diese Gesundheit, Behaglichkeit, diesen gepflegten Optimismus des Bürgers, diese fette gedeihliche Zucht des Mittelmäßigen, Normalen, Durchschnittlichen«.[25] Zuweilen überkam ihn eine »rasende Lust, irgendetwas kaputt zu schlagen, etwa ein Warenhaus oder eine Kathedrale oder sich selbst, verwegene Dummheiten zu begehen, ein paar verehrten Götzen die Perücke abzureißen, ein kleines Mädchen zu verführen oder einigen Vertretern der bürgerlichen Weltordnung das Gesicht ins Genick zu drehen«.[26] Dabei war deutlich, daß nicht Weltverachtung, sondern Selbstverachtung die Wurzel dieser Haltung war. Aus der Selbstverachtung entsprang auch seine selbstmörderische Todesverachtung. Denn der Steppenwolf gehörte seinem Wesen nach zu jenen »Seelen, welchen nicht mehr die Vollendung und Ausgestaltung ihrer selbst als Lebensziel erscheint, sondern ihre Auflösung«.[27] Er war bereit, sich selbst aufzugeben und auszulöschen. Er sah im Tod, nicht im Leben den Erlöser.

Die von Hermann Hesse in seinem »Steppenwolf« ausgesprochene Erkenntnis, daß es ohne Selbstliebe keine Nächstenliebe geben kann, daß Haß auf andere oft widergespiegelter Selbsthaß ist, wird durch die heutige Psychologie bestätigt: »Die Motivation einer in Selbstliebe ruhenden Nächstenliebe ist weitaus stärker und stabiler als eine auf Selbstverneinung und innere Zerrissenheit begründete. Denn in Wahrheit läßt sich darauf keine wirkliche Nächstenliebe begründen, daß man sich selber haßt.«[28] Auch von der Theologie her wird dieser Zusammenhang bestätigt. Augustin sagt: »Wenn du dich selber nicht zu lieben weißt, kannst du auch den Nächsten nicht in Wahrheit lieben.«[29] Und Dorothee Sölle drückt denselben Sachverhalt positiv aus: »Je mehr wir lernen, uns selber anzunehmen, um so weiter entfernen wir uns von dem theologisch verklärten Nihilismus gegen uns selber, der so leicht in Nihilismus gegen andere umschlägt.«[30]

Der Steppenwolf sah im Tod seinen Erlöser. Der Christ sieht in Christus seinen Erlöser. Christus erlöst den Menschen nicht durch den Tod vom Leben, sondern durch das (ewige) Leben vom Tod. Er erlöst den Menschen nicht von sich selbst, sondern zu sich selbst, indem er ihn von der totalitären Herrschaft seines Ichs befreit und ihm hilft, sein wahres Selbst zu finden. Weil er den Menschen liebt und bejaht, wie er ist, ermöglicht er ihm, sich selber zu lieben und zu bejahen, so wie er ist. Und mit der veränderten Einstellung zu sich selbst verändert sich zugleich seine Einstellung zu seinem Mitmenschen und zur Welt. Weil er zu sich selber Ja sagt, kann er auch Ja sagen zu seinem Nächsten und zu der Welt; denn wie dürfte er verachten, was Gott so sehr liebt, daß er seinen einzigen Sohn dafür hingab!

Selbstaufgabe

Ich kannte sie nur von einer Fotografie, die sie ihrem Brief an mich beigelegt hatte. Sie war verzweifelt. Wenige Jahre nach ihrer Hochzeit fand sie bei ihrem Mann den Brief eines Mädchens, aus dem eindeutig hervorging, daß er intime Beziehungen zu ihr hatte. Als sie ihn deswegen zur Rede stellte, gab er es offen zu, versprach ihr aber, das Mädchen nie wieder zu sehen. Er hielt sein Wort. Nach einiger Zeit jedoch begann er ein Verhältnis mit einem anderen Mädchen. Es kam zu einer heftigen Auseinandersetzung zwischen den Eheleuten, die damit endete, daß sie sich trennten, um Abstand voneinander zu gewinnen.

Sie dachte über ihre Ehe nach. Sie gestand sich ein, vieles falsch gemacht zu haben. Vor allem: »Ich habe den großen Fehler begangen, daß ich ihn zu sehr geliebt habe; ich habe sieben Jahre auf ihn gewartet, ich habe in der Zeit nur für ihn gelebt, und als wir verheiratet waren, fühlte ich mich ganz eins mit ihm.« Um so größer war nun die Enttäuschung. Was sollte aus ihnen werden? Ihre Freunde und Bekannten rieten ihr, ihren Mann wegen Ehebruchs zu verklagen und sich von ihm scheiden zu lassen. Die Lage sei doch eindeutig. Oder nicht?

In meinem Antwortbrief schrieb ich an sie, eines habe ich nicht verstanden. Was sie damit gemeint habe, daß es ihr Fehler gewesen sei, ihren Mann zu sehr geliebt zu haben.

Sie schrieb mir darauf: »Ich meine, ich habe mich in

meiner Liebe zu ihm so weit aufgegeben, daß kaum noch etwas von mir übrigblieb. Freunde von uns sagten, ich sei nur noch ein Schatten meines Mannes gewesen. Ich bewunderte meinen Mann wegen seiner außerordentlichen Begabung und wünschte mir, so zu werden wie er. Ich habe ihm zuliebe auf sehr vieles verzichtet, aber er hat es nie anerkannt.«

Beim Lesen dieser Zeilen wurde mir klar: Daß sie ihren Mann »zu sehr« geliebt hatte, hieß, daß sie sich selbst zu wenig geliebt, ja daß sie sich selbst aufgegeben hatte. Aber eine Frau, die ihr eigenes Wesen verleugnet und nur noch ein Schatten ihres Mannes ist, kann ihrem Mann kein Gegenüber sein und ihm darum nichts bedeuten. Denn wer selber nichts ist, kann dem andern nichts sein. Ja, hatte sie nicht zuerst – wenn auch auf eine ganz andere Weise als ihr Mann – die Ehe gebrochen? Denn Ehe heißt Partnerschaft. Wer sich aber selbst aufgibt, hört auf, dem andern ein Partner zu sein. Wer sein eigenes Wesen verleugnet, kann den andern nicht zu einem Ganzen ergänzen. Vielleicht hatte ihr Mann deshalb nach einem andern Gegenüber gesucht? Eines stand für mich fest: Einen neuen Anfang in der Ehe konnte es nur geben, wenn sie sich auf sich selbst besinnen und zu sich selbst finden würde.

Wahre Liebe hört auf den andern, aber sie wird ihm nicht hörig. Sie hängt am andern, aber sie macht sich nicht abhängig von ihm. Sie steht zum andern, aber sie läßt sich ihre Selbständigkeit nicht nehmen. Sie gibt sich dem andern hin, aber sie gibt sich nicht auf. Kurz: Sie liebt den andern wie sich selbst.

Selbstverweigerung und Selbstannahme

Der Mensch zwischen Selbstentfremdung und Selbstverwirklichung – das ist das beherrschende Thema in dem Werk des Schweizer Schriftstellers Max Frisch.[31] An entscheidenden Stellen zitiert er das Bibelwort »Liebe deinen Nächsten wie dich selbst« und deutet Selbstliebe als Selbstannahme. Dabei wird der Zusammenhang deutlich, der zwischen der Annahme seiner selbst und der Annahme des Nächsten besteht.

»Ich mag mich selbst nicht«

Etwa in der Mitte des Stückes »Andorra« (1961) kommt es zum Gespräch zwischen dem Pater Benedikt und dem vermeintlichen Judenjungen Andri.[32] Aus dem verstockten Jungen, dem die Andorraner in ihrer antisemitischen Voreingenommenheit suggerieren, er sei anders als sie, bricht es bitter hervor: »Ich verstehe schon, daß niemand mich mag. Ich mag mich selbst nicht, wenn ich an mich selbst denke.« Er versteht auch, daß seine Braut ihn nicht lieben kann: »Niemand kanns, ich selbst kann mich nicht lieben ...« Der Pater entgegnet ihm: »Wie sollen die andern uns lieben können, wenn wir uns selbst nicht lieben? Unser Herr sagt: Liebe deinen Nächsten wie dich selbst. Er sagt: Wie dich selbst. Wir müssen uns selbst annehmen, und das ist es, Andri, was du nicht tust. – Kein Mensch kann aus seiner Haut heraus.

Niemand. Gott will, daß wir sind, wie er uns geschaffen hat. – Denk darüber nach, Andri, was du selbst gesagt hast: Wie sollen die andern dich annehmen, wenn du dich selbst nicht annimmst.«

Der Pater, so aufrichtig er auch bemüht ist, Andri zu helfen, sich selbst anzunehmen, wird dennoch schuldig an ihm; denn auch in seiner gewollt bejahenden Einstellung zu ihm bleibt er dem antisemitischen Vorurteil verhaftet. Ohne es zu wissen und ohne es zu wollen bringt er ihn nur dazu, die Rolle anzunehmen, die ihm aufgedrängt wurde, nicht aber sein wahres Selbst. Wer vermag schon immer zwischen Vorurteil und Wahrheit zu unterscheiden?

Als der Pater schließlich erfährt, daß Andri gar kein Jude ist, sondern der leibliche Sohn des Lehrers und der fremden Senora, ist dem Jungen nicht mehr zu helfen. Der Pater sagt ihm die Wahrheit über seine Herkunft, aber Andri glaubt ihm nicht: »Wie viele Wahrheiten habt ihr?« Der Pater versucht, ihn aus seinem Irrtum zu »erlösen«, aber Andri hat sich bereits mit seiner Rolle identifiziert – bis zur Gewißheit des bevorstehenden Martyriums. Er bleibt der Rolle treu, die ihm sein Vater zugedacht und die ihm die Gesellschaft als Fluch vermacht hat. Er erleidet das Schicksal eines Juden, obwohl er keiner ist – das macht ihn zu einer tragischen Gestalt.

Doch – tröstliche Wendung in dem tragischen Geschehen: Obgleich Andri nicht weiß, wer er in Wirklichkeit ist und die Wahrheit über seine bürgerliche Existenz verfehlt, findet er dennoch – mehr als alle anderen – zu sich selbst. Er bringt die innere Freiheit auf, sich zu seinem Schicksal, zum Pfahl zu beken-

nen: »Tausende und Hunderttausende sind gestorben am Pfahl, ihr Schicksal ist mein Schicksal.«
Die Andorraner, an die Zeugenschranke gerufen, rechtfertigen sich selbst oder beteuern ihre Unschuld. Nur der Pater bekennt seine Schuld an dem Tod des Jungen: »Auch ich habe mir ein Bildnis gemacht von ihm, auch ich habe ihn gefesselt, auch ich habe ihn an den Pfahl gebracht.« Denn wer sich ein Bildnis von einem Menschen macht, tut ihm Gewalt an, zwingt ihn in das Prokustesbett seines Bildes hinein, fesselt ihn, indem er seine Gefühle und Handlungen von vornherein festlegt, ja er opfert die lebendige Person dem fertigen Bild, das er von ihr hat.
Frisch hat einmal in seinem Tagebuch geschrieben, er hielte seine Aufgabe für erfüllt, wenn es einem seiner Stücke gelänge, eine Frage dermaßen zu stellen, daß die Zuschauer von dieser Stunde an ohne Antwort darauf nicht mehr leben könnten, und zwar ohne ihre eigene Antwort, die sie mit ihrem Leben geben.[33] Die Frage, die »Andora« uns stellt, ist die nach der Annahme unserer selbst und der Annahme unseres Nächsten. Es ist an uns, Antwort zu geben – mit unserem Leben.

»Weiß ich denn selber wer ich bin?«

In seinem ersten großen Roman »Stiller« (1954) hat Max Frisch das Thema »Selbstverweigerung und Selbstannahme« ebenfalls gestaltet.[34] Er stellte ihm als Schlüssel zum Verständnis Worte des dänischen Theologen und Philosophen Sören Kierkegaard voran. In ihnen ist von der Schwierigkeit, sich selbst zu wählen, die Rede, weil durch diese Wahl »jede Möglichkeit, etwas anderes zu werden, vielmehr sich in etwas anderes umzudichten, unbedingt ausgeschlossen wird«. Und es ist die Rede von der »Leidenschaft der Freiheit«, die in dem erwacht, der sich selbst wählt und um diesen Besitz kämpft als um seine Seligkeit.

Ludwig Anatol Stiller ist auf der Flucht vor sich selbst. Er flieht nach Mexiko. Dann kehrt er unter falschem Paß als Mr. White in seine Heimat zurück. Bei der Einreise wird er als der verschollene Stiller erkannt. Als er verhaftet wird, behauptet er steif und fest: »Ich bin nicht Stiller. Ich bin nicht der Mann, für den man mich hält.« Er wehrt sich leidenschaftlich dagegen, der zu sein, als den ihn seine früheren Gefährten sehen und spiegeln, die vorgeben, ihn zu kennen und nicht gestatten, daß er sich wandelt. Er kennt die versucherische Neigung, eine Rolle zu spielen, die ihnen so passen möchte, aber nichts mit ihm zu tun hat. Er weiß, daß es einzig und allein darum geht, niemand anders zu sein, als der Mensch, der er in Wahrheit (leider) ist. Darum bleibt er dabei: »Ich bin nicht Stiller.«

Bis zur Klärung seiner Identität kommt er in Untersuchungshaft und wird veranlaßt, einen wahrheitsgetreuen Lebensbericht niederzuschreiben. Aber: »Wie soll einer denn beweisen können, wer er in Wirklichkeit ist? Ich kanns nicht. Weiß ich es denn selber, wer ich bin?« Aber Stiller weiß auch, daß ein Mensch nur dann wirklich gelebt hat, wenn er mit sich selbst identisch wird – andernfalls ist er nie gewesen! Doch in einer ehrlichen Selbstanalyse gesteht er sich selbst ein, daß er gar nicht er selbst sein will, daß er »Angst vor der Selbstverwirklichung« hat. Gelegentliche Versuche, zu beten, laufen darauf hinaus, verwandelt zu werden und seiner Ohnmacht zu entgehen, also letztlich darauf, sich nicht annehmen zu müssen als der nichtige und ohnmächtige Mensch, der er ist.

Der ermittelnde Staatsanwalt, der seine Identität festzustellen hat und der ihn am Ende dazu verurteilt, er selbst zu sein, weiß, daß dieser Stiller kein Sonderfall ist. Es gibt viele Menschen, und er rechnet sich selbst zu ihnen, die sich selbst nicht annehmen wollen und deshalb auch unfähig sind, andere anzunehmen. Hier wird wiederum der Zusammenhang deutlich, der zwischen der Annahme seiner selbst und der Annahme des Nächsten besteht. In »Andorra« lautete die Frage: Wie sollen die andern dich annehmen, wenn du dich selbst nicht annimmst? Im »Stiller« lautet sie: Wie kannst du einen andern Menschen annehmen, wenn du dich selbst nicht annimmst? Stiller, unfähig zur Annahme seiner selbst, kann auch seine Frau, die sensible Tänzerin Julika, nicht annehmen. Seine Ehe scheitert, weil er sich ein Bild von ihr gemacht hat und enttäuscht wird, weil sie diesem Bild nicht entspricht. »Du hast dir nun einmal ein Bildnis von mir gemacht, ein fertiges und endgültiges Bildnis . . . Anders als so, ich spüre es ja, willst du mich jetzt einfach nicht mehr sehen. – Jedes Bildnis ist eine Sünde. Es ist genau das Gegenteil von Liebe. Wenn man einen Menschen liebt, so läßt man ihm doch jede Möglichkeit offen und ist trotz allen Erinnerungen einfach bereit, zu staunen, immer wieder zu staunen, wie anders er ist, wie verschiedenartig und nicht einfach so, nicht ein fertiges Bildnis, wie du es dir da machst von deiner Julika. Ich kann dir nur sagen: es ist nicht so. Du sollst dir kein Bildnis machen von mir!«[35] — Aufhören, sich gegenseitig zu foltern mit der irren Erwartung, der andere möge dem Bildnis entsprechen, das man sich von ihm gemacht hat, lernen, sich selbst und den anderen anzunehmen, wie sie sind — das nennt der Staatsanwalt: für einander beten lernen.[36]

Der Staatsanwalt, der zum Freund Stillers wird, sagt in einem nächtlichen Gespräch zu ihm: »In der Forderung, man solle seinen Nächsten lieben wie sich selbst, ist es als Selbstverständlichkeit enthalten, daß einer sich selbst liebe, sich selbst annimmt, so wie er erschaffen worden ist.«[37] Ein erster unerläßlicher und mühsamer Schritt dazu, so führt der Freund aus, ist die Selbsterkenntnis. Sie führt meist in die Resignation darüber, daß man nicht ist, was man gerne gewesen wäre. Übertriebene Anforderungen an sich selbst erzeugen das Grundgefühl, etwas schuldig zu bleiben. Viele erreichen diese Stufe. Dabei geben sie der Melancholie dieser Selbsterkenntnis den Anschein von Reife, ihrem Schuldgefühl den Anschein von religiöser Tiefe und ihrer Angst vor der Selbstverwirklichung den Anschein von Selbstlosigkeit. »Je wendiger unser Bewußtsein, je belesener, um so zahlreicher und um so nobler unsere Hintertüren, um so geistvoller die Selbstbelügung; man kann sich ein Leben lang damit unterhalten, und zwar vortrefflich, nur kommt man damit nicht zum Leben, sondern unweigerlich in die Selbstentfremdung.«[38]

Der zweite und viel schwerere Schritt besteht in der

Überwindung der Resignation und führt zur Annahme dessen, was man ist. Diese Selbstannahme kommt nicht mit dem Alter von selbst, sondern wird in gewisser Hinsicht mit dem Alter schwieriger. »Es braucht die höchste Lebenskraft, um sich selbst anzunehmen.«

Der dritte Schritt heißt: Verzicht auf die Anerkennung durch seine Umwelt, auch durch die Menschen, die einem am nächsten stehen. Diesen letzten Schritt zu vollziehen, meint der Staatsanwalt, »wird nie möglich sein ohne die Gewißheit, daß unser Leben von einer übermenschlichen Instanz gerichtet wird.« Hier wird die religiöse Dimension der Selbstannahme deutlich, der Zusammenhang von Selbstannahme und Annahme Gottes; denn »allein vor dem Horizont der göttlichen Wirklichkeit gewinnt der Mensch sich selbst, sein Selbst — erreicht er jene Identität, welche zugleich, nach Kierkegaard, seine Seligkeit einschließt«.[39]

An diesem Punkt scheitert Stiller. Er muß sich von seinem Staatsanwalt und Freund sagen lassen: »Immer wieder hast du versucht, dich selbst anzunehmen, ohne so etwas wie Gott anzunehmen. Und nun erweist sich das als Unmöglichkeit. Er ist die Kraft, die dir helfen kann, dich wirklich anzunehmen.«

Es heißt einmal von Stiller: Wenn er die Liebe, mit der er wahrhaft geliebt wird als der Mensch, der er ist, annähme, so wäre er genötigt, infolgedessen sich selbst anzunehmen. Das ist im Blick auf die Liebe seiner Frau gesagt. Aber gilt das nicht in viel tieferem Maße von der wahrhaftigen Liebe Gottes, die uns in Jesus Christus begegnet? Wer Christus annimmt, wird genötigt, sich selbst anzunehmen; und umgekehrt: »Wer sein Menschsein annimmt, der hat den Menschensohn angenommen, weil in ihm Gott den Menschen angenommen hat« (K. Rahner).

In einem theologischen Dokument unserer Tage ist die Glaubensgewißheit der Christen so ausgedrückt: »*Wir sind angenommen!* Das Urteil anderer Menschen und das des eigenen Herzens verlieren damit ihre Unheilsmacht. Wo wir uns an Gottes Ja halten, können sie uns im Letzten nicht mehr unglücklich machen.

Wir können uns selbst annehmen! So gewinnen wir unsere Identität zurück, die Voraussetzung eines erfüllten Lebens.

Wir können einander annehmen! Damit wird die Gemeinschaft Basis zur Verwirklichung von Glück. Die Gemeinschaft von Menschen gewinnt eine eschatologische Bedeutung als Heilsgemeinschaft mit Christus, die schon heute erfülltes Leben in sich birgt.«[40]

Flucht vor sich selbst

Wenn ich mit dem Auto unterwegs bin, studiere ich gelegentlich die Aufschriften und Schilder, die meine Mitautofahrer sich auf die Rückfront ihres Wagens gemalt oder geklebt haben. Neulich sah ich einen ovalen Aufkleber mit der Strichzeichnung zweier menschlicher Figuren. Sie sahen einander gleich. Die eine jagte hinter der anderen her, als versuchte sie, sie einzuholen oder zu fassen zu kriegen.. Ich kannte diese Zeichnung. Sie stammt von Paul Klee. Er nannte sie »Flucht vor sich«.
Diese Zeichnung am Auto war für mich ein Anstoß zum Nachdenken. Gebrauchen wir unser Auto – bewußt oder unbewußt – als Mittel zur Flucht vor uns selbst? Ursprünglich sollte es dem Menschen dazu dienen, Zeit zu gewinnen. Aber seit er Auto fährt, hat er weniger Zeit als zuvor. Das liegt gewiß nicht am Auto, sondern an dem, der es benutzt. Wir jagen von einem Termin zum andern. Wir fressen die Kilometer hundertweise. Wir sind unaufhaltsam unterwegs, als wären wir auf der Flucht. Darum nehmen wir alles nur flüchtig wahr. Wir sehen vieles, aber wir erleben nichts. Wir kommen mit vielen Menschen zusammen, aber wir begegnen ihnen nicht. Wie sollten wir auch, wenn wir nicht mehr zu uns selbst kommen!
Wir klagen zwar darüber, aber fürchten wir uns nicht im Grunde davor, mit uns selbst konfrontiert zu

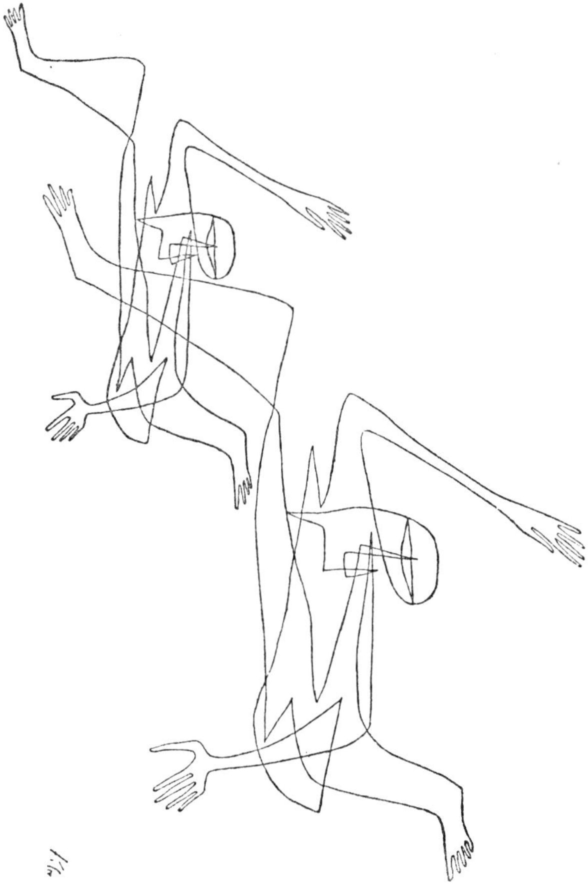

Paul Klee: Flucht vor sich

werden, mit unseren eigenen ungelösten Problemen, mit der eigenen inneren Leere? Begeben wir uns deshalb immer wieder auf die motorisierte Flucht vor uns selbst? Stürzen wir uns deshalb in immer neue Abenteuer? Nur nicht zur Besinnung kommen! Nur nicht nachdenken über das Erlebte! Nur nicht mit sich selbst allein sein müssen! Die innere Leere würde uns wie ein dunkler Abgrund verschlingen. Natürlich können wir anderen und uns selbst glaubhaft nachweisen, daß wir beim besten Willen keine Zeit haben. Aber wer keine Zeit für sich hat, liebt sich nicht; denn für jemanden, den wir lieben, haben oder nehmen wir uns Zeit.

Frauen haben ihre eigene Weise sich selbst zu entfliehen. Sie rackern sich von früh bis spät für ihre Familie und für ihr Haus ab. Sie opfern sich unentwegt für andere auf und kommen darüber nicht zu sich selbst. Sie seufzen zwar schwer darunter, aber vielleicht wollen sie auch gar nicht zur Besinnung kommen. Vielleicht halten sie es gar nicht aus, mit sich selbst allein zu sein. Vielleicht können sie gar nicht untätig sein. Ist ihre tätige Aufopferung vielleicht nur eine als Selbstlosigkeit getarnte Flucht vor sich selbst? Warum gönnen sie sich selber nicht die notwendige Ruhe oder gar eine Freude? Wer sich selber nichts gönnt, liebt sich nicht; denn jemandem, den wir lieben, gönnen wir von Herzen alles Gute.

Wir sollten ein gutes Gewissen haben, wenn wir uns für uns selbst Zeit nehmen, und wir sollten uns selbst gelegentlich etwas Gutes gönnen: uns zurückziehen, ausruhen, ein gutes Buch lesen, Freunde besuchen, uns jemanden einladen, eine Reise unternehmen, etwas Schönes erleben, uns einen Wunsch erfüllen, tun, was uns Freude macht. Je mehr wir uns selber Gutes gönnen, um so mehr werden wir es auch anderen gönnen und ihnen dazu verhelfen. Im Buch Jesus Sirach, einer apokryphen Schrift der israelitischen Weisheitsdichtung, heißt es: »Wer sich selber nichts Gutes tut, was sollte der andern Gutes tun? Er wird seines Gutes nimmer froh. Es ist kein schändlicheres Ding, denn daß einer sich selbst nichts Gutes gönnt.«[41]

Selbständigkeit

Alexander Solschenizyn schildert in seinem autobiographischen Roman »Der erste Kreis der Hölle« das Dasein des politischen Gefangenen Nershin.[42] Nach vier Jahren Kriegseinsatz war er wegen staatsfeindlicher Äußerungen zu zehn Jahren Gefängnis verurteilt und in das Lager Mawrino bei Moskau gebracht worden. Dort arbeitete er als Ingenieur zusammen mit anderen inhaftierten Wissenschaftlern und Technikern an der Entwicklung einer von Stalin in Auftrag gegebenen technischen Apparatur. Vierzehn Stunden am Tag, ohne Pausen, mußte er arbeiten. Sein Kopf drohte von mathematischen Formeln und Theorien völlig beherrscht zu werden. Was blieb da noch fürs Nachdenken über den Sinn des Lebens und den Sinn der Geschichte? Was blieb da noch, um das Leben erkennen zu lernen? Aber hieß das nicht, bei höchster geistiger Tätigkeit geistig tot zu sein?

Nershin wehrte sich gegen solchen geistigen Tod. Er ließ sich nicht in das vorgefertigte Schema pressen. Heimlich schrieb er in listig ertrotzten Minuten seine Gedanken auf kleine Zettel, seine ersten eigenen Gedanken über die Zeit nach Lenin, »die ersten Früchte seiner dreißig Lebensjahre«. Er wußte, daß eine einzige aufbewahrte Zeile ihn mit Kasematte bedrohte, daß es gefährlich war, eigene Gedanken über die herrschende Sowjetmacht zu haben. Er wußte, daß es tödlich sein konnte, seinen Kopf in diesen Rachen zu stecken, diesen aufgeblasenen, finsteren Riesen zu enträtseln, dessen Augenzwinkern genügen würde, um seinen Kopf rollen zu lassen. Wohl war ihm der Zugang zu öffentlichen Bibliotheken verwehrt, und in historische Archive würde er nie Einlaß finden. Aber er besaß gegenüber den Historikern, die sich lieber in vergangene ungefährliche Zeiten flüchteten, einen Vorteil, den ihm auch kein Spion nehmen konnte: »Das Unglück, das ich selbst erfahren und das ich andere durchleben gesehen habe, ob es mir nicht vielleicht eine Vermutung über die Geschichte nahelegen kann?« Bücher und fremde Meinungen können wie eine Schere sein, die den Lebensfaden des eigenen Gedanken durchschneidet. Zuerst muß man selbst den Gedanken finden. Dann kann man ihn mit Büchern und fremden Meinungen vergleichen.

Nershin hütete die kleinen in seinem Arbeitstisch verborgenen Notizzettel als seinen kostbarsten Schatz. Immer wenn er fürchten mußte, in ein anderes Lager fortgeschickt zu werden, war sein erster Gedanke: die Zettelchen. Als es schließlich geschieht, wagt er nicht einmal, sie seiner Geliebten anzuvertrauen, sondern verbrennt sie. Dabei muß er denken: »Vielleicht waren mehr bedeutende Gedanken verbrannt als veröffentlicht worden.«

Man muß nicht unter einer Diktatur leben und gefangen sein, um sich eigene Gedanken abtrotzen zu müssen. Wir leben in einem freien demokratischen Staat, der im Grundgesetz jedem Bürger das Recht auf freie Meinungsäußerung zusichert (Artikel 5). Aber haben wir überhaupt eine eigene Meinung?

Wie vieles von dem, was wir unsere eigene Meinung nennen, ist anerzogen und angelesen, unkritisch übernommen und gedankenlos nachgesprochen. Wie weitgehend ist unsere Meinung geprägt durch die soziale Gruppe, der wir angehören, und durch die Zeitungen und Bücher, die wir lesen. Wie wenig davon ist wirklich durch eigene Erfahrung gewonnen und bewährt. Wofür würden wir, wenn es darauf ankäme, mit unserem Leben einstehen? Das gilt gleicherweise für unsere politischen, sozialen und religiösen Überzeugungen.
Das Ich des Menschen steht unter der Zwangherrschaft des Über-Ichs, das ist nach Freud die Summe des Elterneinflusses, sowie des durch die Eltern fortgepflanzten Einflusses von Familien-, Rassen- und Volkstradition und der durch sie vertretenen sozialen, politischen und religiösen Normen und Verhaltensweisen (innere Moralinstanz). Im freien Westen ist die Individualität, die unverwechselbare Einzigartigkeit eines Menschen, nicht weniger bedroht als im Osten. Wir halten zwar als freie Bürger die Fahne der Selbstbestimmung hoch, aber wir merken oft gar nicht, wie sehr wir unter einer Fremdbestimmung stehen. Psychologen haben an Experimenten nachgewiesen, »daß ein individuelles Ich durch den Druck einer konformen Gruppenmeinung durchaus gezwungen werden kann, eine richtige Beobachtung der Wirklichkeit aufgeben zu müssen, beeinflußt von den objektiv falschen Beobachtungen der Mehrzahl anderer Gruppenmitglieder, ohne daß das individuelle Ich hiergegen ausreichenden Widerstand zu leisten in der Lage wäre«.[43] Darum ist es notwen-

dig, das Ich gegen das Über-Ich, das Individuum gegen die Masse zu stärken. Nur, wo ein Mensch durch den Prozeß der Selbstverwirklichung (Individuation) er selbst wird, kann er Selbständigkeit erlangen, wird er in den Stand gesetzt, einen eigenen Standort einzunehmen. Und ein Mensch, der auf Grund eigener Erfahrung einen eigenen Standpunkt vertritt, kann in positivem Sinne ansteckend auf andere Menschen wirken.

Wir sind als freie Bürger nicht zu pausenloser Arbeit gezwungen, dennoch erschöpft sich unser Leben häufig in pausenloser Betriebsamkeit, so daß wir nicht zum Nachdenken kommen. Selbst in der ständig zunehmenden Freizeit haben viele nur den Wunsch »abzuschalten«. Wenn überhaupt, so denken wir über die nächsten konkreten Schritte nach, aber wir fragen nicht mehr nach Grund, Sinn und Ziel unseres Lebens.

Auch in einer Demokratie führt meist erst das Leiden an den bestehenden Verhältnissen zu selbständigem Denken, zur Reife eigener Gedanken. Aber auch in einer Demokratie, in der die freie Meinungsäußerung garantiert ist, ist es gefährlich, eigene Gedanken zu haben. Zwar droht dem, der in Widerspruch zur herrschenden Meinung gerät weder Gefängnis noch Zwangsarbeit noch Deportation, aber in der Demokratie gibt es verfeinerte Methoden, den Nonkonformisten zu isolieren, ihn unter Druck zu setzen und auszuschalten. Nur wem die Identität mit sich selbst höher steht als die Identität mit der Meinung der Mehrheit, wird die innere Kraft haben, die äußere Notlage, in die er gerät, durchzustehen.

Selbtverwirklichung in Arbeit und Freizeit

Arbeit dient der Selbsterhaltung, aber sie hat in der modernen technischen Arbeitswelt zu immer größerer Selbstentfremdung geführt. Es wird nicht mehr der ganze Mensch gefordert, sondern ein immer kleiner werdender Teilbereich seiner Fähigkeiten. Die Arbeiter und Angestellten in den hochrationalisierten Produktionsbetrieben haben Maschinen zu bedienen und zu überwachen, aber sie können nicht eigenes Urteil, eigene Vorstellungen oder gar eigene Zielsetzungen entwickeln. Sie leiden zunehmend unter dem Gefühl, sich nicht verwirklichen und ihrer Arbeit wenig Sinn abgewinnen zu können. Diejenigen Berufe, in denen der Mensch sich – jedenfalls teilweise – verwirklichen kann, zum Beispiel die sog. freischaffenden Berufe, haben immer weniger Chancen, das Existenzminimum einzubringen. Immer dringlicher stellt sich daher die Frage nach Identität und Ganzheitlichkeit.
Karl Marx hatte bereits die Massenenteignung der persönlichen Schöpferkraft und die daraus resultierende innere Verarmung inmitten einer Welt äußerlichen Wohlstandes als das zentrale Problem der kapitalistischen Industriegesellschaft gesehen. Der Zukunftsforscher Robert Jungk sieht in der unaufhörlichen Rebellion der Fähigen, deren Möglichkeiten keinen oder nur einen ungenügenden Ausdruck in der Arbeitswelt finden, »ein Charakteristikum der Jahrtausendwende«.[44] Immer mehr Menschen sind

nicht mehr bereit, die zunehmende Zurückdrängung der Selbstverwirklichung auf nahezu allen Gebieten hinzunehmen und für den wachsenden Wohlstand den Preis einer innerlichen, geistigen und seelischen Verarmung zu zahlen. Jungk sagt für die Zukunft eine Gegenbewegung voraus, »deren Träger sich nicht mit höheren Löhnen, aber auch nicht mit mehr Konsumprodukten oder gar einer Vergesellschaftung abspeisen lassen, die sie zwar nominell zu Besitzern macht, aber die Enteignung ihrer persönlichen Schöpferkraft und Entscheidungsfähigkeit weiterbestehen läßt. Sie werden verlangen, mitzuerfinden, mitzusprechen, mitzuhandeln. Statt einer noch weiteren Verkümmerung des schöpferischen Potentials werden sie dessen Befreiung und Entwicklung fordern.«[45]

Die Freizeit steht mit der Arbeitswelt in einer engen Wechselbeziehung.[46] Sie ist in ihrer heutigen Form ein Produkt der Industriegesellschaft. Sie wurde unter Führung der Gewerkschaften und der Arbeiterbewegung als notwendige Erholung von der Arbeit erkämpft und schrittweise ausgeweitet.

Die wöchentliche Arbeitszeit wurde von 90 auf 40 Stunden, also um mehr als die Hälfte, herabgesetzt. Nach einer prognostischen Untersuchung der Bundesregierung werden wir im Jahre 1985 möglicherweise die 30-Stunden-Woche haben.«[47] Futurologen halten es für möglich, daß in einigen Bereichen die tägliche Arbeitszeit in Zukunft nur noch 20%, also knapp 5 Stunden am Tag, betragen wird.

Zu der Verkürzung des Arbeitstages kommt die Verlängerung des freien Wochenendes. Die 5-Tage-Woche beginnt sich jetzt auch schon im Schulbetrieb durchzusetzen. In manchen Betrieben wird bereits die Einführung der 4-Tage-Woche diskutiert.

Als drittes Moment ist die ständige Ausweitung des Jahresurlaubs zu nennen. Während es für den Arbeiter zu Beginn unseres Jahrhunderts noch gar keinen Urlaub gab, weil die Gefahr, den Arbeitsplatz zu verlieren, zu groß war, wird es nach der schon erwähnten prognostischen Untersuchung der Bundesregierung 1980 wahrscheinlich zweimal vier Wochen Urlaub geben.

Schließlich wird auch das Pensionsalter immer weiter herabgesetzt. Für Fluglotsen ist das 52. Lebensjahr im Gespräch, für Generäle das 50. Lebensjahr. Zugleich nimmt die durchschnittliche Lebenserwartung erheblich zu. Alles in allem: Unsere heutige Gesellschaft wird in zunehmendem Maße eine Freizeitgesellschaft.

Diese Entwicklung hat es mit sich gebracht, daß der Mensch heute sehr viel mehr freizeitbezogen als arbeitsbezogen lebt. Während der Arbeiter um die Jahrhundertwende erfülltes Leben nur als Arbeit und freie Zeit nur als Arbeits-losigkeit denken konnte, erleben wir heute den Zusammenbruch des puritanisch-kapitalistisch-sozialistischen Arbeitsethos: Aus dem Beruf wird der Job, aus der Verpflichtung, Gott und der Gesellschaft mit seiner Hände Arbeit zu dienen, wird eine Möglichkeit, sich das Geld für das eigentliche Leben zu verdienen. Die »Lebensökonomie« lautet: »Ich arbeite elf Monate des Jahres wie eine Maschine, damit ich einen Monat wie ein Mensch leben kann.«

Während es früher hieß: »Müßiggang ist aller Laster Anfang«, heißt es heute: »Müßiggang ist aller Freiheit Anfang, aller Lebensqualität jenseits von Produktion und Konsum. Müßiggang ist eine Errungenschaft für Götter und erwachsene Menschen, der Anfang aller Humanität.«[48] Im Zuge dieser Entwicklung wurde das Recht auf Freizeit zu einem Grundrecht des Menschen. In der Allgemeinen Erklärung der Menschenrechte von 1948 heißt es in Artikel 24: »Jeder Mensch hat Anspruch auf Erholung und Freizeit sowie ... auf periodisch bezahlten Urlaub.«

So wie der Mensch früher Lebenserfüllung und Selbstverwirklichung in der Arbeit suchte, sucht er sie jetzt in der Freizeit. Sie ist für ihn geradezu mit einer Aura von Heilserwartungen umgeben.[49] Von ihr erhofft er sich: Freiheit, Glück, sinnerfülltes Leben, uneingeschränkte Selbstentfaltung, Freude, Zufriedenheit, Segen. Die Freizeit als eigene und eigentliche Zeit bekommt Kompensationscharakter gegenüber der verkauften und entfremdeten Zeit. Die Freizeitideale sind weithin Anti-Ideale: »Konsum um jeden Preis gegenüber Produktion um jeden Preis; Genuß im Gegensatz zu Dienst und Opfer; Individualisierung gegenüber Kollektivierung usw.«[50]

Aber trotz aller Anstrengungen bleibt der Mensch auch in seiner Freizeit von der Arbeit her bestimmt: Er versteht seine Freizeit als den verdienten Lohn seiner geleisteten Arbeit. Und was er geleistet hat, dokumentiert er durch das, was er sich in seinem Urlaub leisten kann. Urlaubsort und Urlaubsverhalten werden zu Status- und Prestigesymbolen. Andererseits steht er in seiner Freizeit insofern unter Leistungsdruck, als er sich wieder fit machen muß für die Arbeit, – nicht nur im physischen, sondern auch im psychischen Sinne: Er muß sich für den unvermeidlichen Zeitverlust durch Arbeit in der Freizeit entschädigen und gleichsam schneller leben – das aber ist das Gegenteil von »Muße«. Es ergeht dem Menschen in der Freizeit wie Tantalus, der angesichts der greifbar nahen Fülle des Lebens doch nicht zum Leben kommt, weil er gebunden ist. Er ist vorläufig »nicht der Souverän seiner freien Zeit, er benimmt sich nicht wie der Freie, sondern wie der vorübergehend Freigelassene, der weiß, daß er wieder festgenommen wird«.[51] Er benimmt sich nicht wie der gesammelt Genießende, sondern wie ein Flüchtling, der aus den Apparaturen und Kollektiven des gesellschaftlichen Lebens in die Privatheit und Anonymität flüchtet und darum nur flüchtig lebt und die Güter dieser Welt, die menschlichen Beziehungen, das Menschsein selbstsüchtig genießt. Auf diese Weise verfällt er einer Entfremdung, die schlimmer sein kann als die Entfremdung der Arbeitswelt. Kurzum: Der Freizeitmensch, der sich entschlossen sich selbst und der eigenen Welt zuwendet, um sich selbst zu entfalten und zu verwirklichen, gerät dabei in Widerspruch zu sich selbst.

Einübung in die Freizeit und in die durch sie eröffnete Freiheit ist heute eine der vordringlichsten Aufgaben der Erziehung. Die neu entstandene Freizeitpädagogik ist bemüht, ein Verständnis von Freizeit zu gewinnen, das nicht fixiert ist auf die Arbeit.[52] Über die Erholung von der Arbeit und die Weiterbildung für die Arbeit hinaus hat Freizeit individuelle und gesellschaftliche Funktionen, nämlich: Selbstbesinnung, Selbstfindung und Selbstentfaltung durch Kreativität, Kommunikation und Bildung. Auch die Muße, das zweckfreie Spiel und das nicht unmittelbar Nützliche und Sinnvolle hat seinen Wert. Professor Auer schrieb in dem von der Deutschen Gesellschaft für Freizeit herausgegebenen Heft »Ethos der Freizeit«: »In der Arbeitszeit tun wir das Notwendige, in der Freizeit das Wesentliche.«

Die Einstellung, die sich in dem viel zitierten Satz »Die Menschen müßten mehr arbeiten, damit sie nicht auf dumme Gedanken kommen« äußert, kann nur der Unterdrückung, nicht aber der Befreiung und Entfaltung des eigenen Selbst dienen. Erziehung darf heute nicht mehr darauf hinauslaufen, den heranwachsenden Menschen die Freiheit so lange wie möglich vorzuenthalten und sie daran zu hindern, Erfahrungen zu machen, sondern sie muß sie auf dem Weg in die Freiheit begleiten und ihnen helfen, in der Freiheit zu bestehen.

Die Vergötzung der Freizeit auf Kosten der Arbeit ist aber genauso verkehrt wie die Vergötzung der Arbeit auf Kosten der Freizeit. Die Flucht aus der Arbeit in die Freizeit ist ebenso falsch wie die Flucht vor der Freizeit in die Arbeit. Arbeit und Freizeit stehen in einer unauflöslichen Wechselbeziehung zueinander: Unerfüllte Arbeit verdirbt die Freizeit, unerfüllte Freizeit verdirbt die Arbeit. Arbeit und Freizeit gehören zusammen. Sie sind wie die beiden Brennpunkte einer Ellipse, um die sich unser Leben bewegt. Sie gehören zusammen, wie Weltverantwortung und Selbstverwirklichung zusammengehören.

Selbstverwirklichung in der Gefangenschaft

Nicht nur in Freiheit, sondern auch in der Gefangenschaft bleibt Selbstverwirklichung eine wesentliche Aufgabe. Gerade dann, wenn alle Äußerlichkeiten keine Rolle mehr spielen und der Mensch ganz auf sich selbst zurückgeworfen ist, kann das Streben nach Selbstverwirklichung besonders stark werden.

Beispiel dafür ist der farbige Amerikaner Georges Jackson, ein Freund von Angela Davis. Als Schwarzer gehörte er zu der Menschengruppe, die wie keine andere in den USA um ihre Selbstachtung gebracht, terrorisiert, unterdrückt und mundtot gemacht wurde. Im Alter von achtzehn Jahren wurde er wegen Diebstahls von 70 Dollar zu einer unbefristeten Gefängnisstrafe »von einem Jahr bis lebenslänglich« verurteilt. Weil er nicht bereit war, sich einem System anzupassen, das den Schwarzen die elementarsten Menschenrechte verweigerte, wurde er täglich gedemütigt, wurde seine Haftzeit von Jahr zu Jahr verlängert. Er war nicht bereit, sich schuldig zu bekennen, denn er wußte, daß er als Sündenbock für die Sünden einer ungerechten Gesellschaft herhalten mußte. Er widersetzte sich den Schikanen, um seine Menschenwürde zu wahren. Insgesamt brachte er elf Jahre im Gefängnis zu, davon acht Jahre in schwerer Einzelhaft. Wenn überhaupt, durfte er halbstündige Besuche nur in Handschellen und Ketten und unter Sonderbewachung empfangen. Einen Tag vor der Gerichtsverhandlung, die ihm voraussichtlich die

Freiheit gebracht hätte, wurde er erschossen – angeblich bei dem Versuch, aus dem Gefängnis auszubrechen.
Seine Briefe, die er während seiner Haftzeit schrieb, sind ein Zeugnis leidenschaftlichen Ringens um Selbstverwirklichung.[53] »Ich war mein Leben lang ein Taugenichts«, bekennt er. »Erst diese Gefängnisjahre haben mir Zeit und Gelegenheit gegeben, mich selbst zu erforschen und meinen Charakter zu prägen.«[54]
In seiner hoffnungslosen Lage, in der ihm nichts blieb als er selbst, erkennt er: »Restlose und harmonische Entfaltung kann mir zuteil werden wie jedermann. Höchstens ein Viertel alles Menschenleids wird von äußeren, unbeeinflußbaren Elementen verursacht, der Rest ist selbstverschuldet, weil tiefere Einsicht und Gelassenheit fehlen.«[55] Seiner Mutter macht er den Vorwurf, daß sie ihre Selbstbestimmung und Gedankenfreiheit einer beruhigenden Anpassung geopfert habe. Er selber arbeitet streng und unerbittlich an seiner Selbstverwirklichung; denn er weiß: »Keine Mühe auf dem Weg zur Selbstverwirklichung ist vergebens: Sie gehört zu den Dingen, ohne die der Mensch nicht leben kann. Ohne sie hat das Leben keinen Sinn.«[56] Im Blick auf seine erhoffte Freilassung schreibt er: »Niemals werde ich meine persönliche Freiheit für ein Auto, billige Konfektionskleider, ein Fertighaus oder sogenannte fröhliche Nächte verschachern. Mir ist es wichtiger, mich selbst verwirklichen zu können. Ohne diese Kontrolle werde ich ewig ungesichert und den Launen der Herrschenden ausgeliefert bleiben . . .«[57]

Es ging ihm aber nicht nur um seine eigene Selbstverwirklichung, sondern um die »Selbstverwirklichung der Schwarzen«. Ihr hat er gedient und dient ihr durch sein tapferes Zeugnis über seinen Tod hinaus.

Selbstentfaltung

Bertolt Brecht erzählt in einer seiner Kalendergeschichten von einer Frau, die mit zweiundsiebzig Jahren ein zweites Leben begann.[58] Sie hatte sieben Kinder geboren und fünf davon mit kärglichen Mitteln großgezogen. Ihre beiden Töchter waren nach Amerika ausgewandert, zwei ihrer Söhne ebenfalls fortgezogen. Nur der Jüngste blieb mit seiner Familie in demselben Städtchen wohnen. Bis zum Tode ihres Mannes, der »in den Sielen« gestorben war, hatte sie ihm und seinen Gehilfen in der kleinen Lithographenanstalt den Haushalt geführt und das alte Haus betreut. Danach blieb sie allein in dem großen, leerstehenden Haus wohnen. Sie weigerte sich, zu einem ihrer Kinder zu ziehen und ebenso, ihren jüngsten Sohn mit seiner fünfköpfigen Familie bei sich aufzunehmen. Sie war aber bereit, von jedem ihrer Kinder, das dazu in der Lage war, eine geringe geldliche Unterstützung anzunehmen. Über ihre Lebensweise jedoch zeigten sich ihre Kinder äußerst befremdet.
Sie, die ihr Geld immer für ihre Familie zusammengehalten und sich selbst kein Vergnügen gegönnt hatte, warf jetzt ihr Geld für Kinobesuche hinaus. Sie, die zeitlebens für ein Dutzend Menschen gekocht und immer nur die Reste aufgegessen hatte, ging jetzt jeden zweiten Tag im Gasthof essen, ja sie leistete sich sogar zu allen Mahlzeiten ein kleines Glas Rotwein. Sie, die früher immer zu Hause ge-

blieben war, wenn ihre Kinder ausfuhren, bestellte sich nun an einem gewöhnlichen Donnerstag ein Pferdegefährt, um einen Ausflugsort zu besuchen, ja einmal fuhr sie sogar mit der Eisenbahn in eine zwei Stunden entfernt liegende größere Stadt zu einem Pferderennen. Sie, die nur eine sehr lose Verbindung mit ihrem Sohn aufrecht erhielt und niemanden von ihren Bekannten besuchte, ging aber häufig zu einer fragwürdigen Existenz von Flickschuster, der in der ganzen Welt herumgekommen war, und lauschte seinen Erzählungen. Sie, die ein Enkelkind hatte, das kein Kommunionskleid besaß, kaufte einem jungen, halb schwachsinnigen Mädchen, an dem sie einen Narren gefressen hatte, einen Hut mit Rosen drauf. Auch sonst gestattete sie sich gewisse Freiheiten, die normale Leute gar nicht kennen; zum Beispiel ging sie im Sommer um drei Uhr früh durch die leeren Straßen des Städtchens, um sie ganz für sich allein zu haben.

Ihr Sohn, der das neue Leben seiner Mutter besorgt beobachtete, berichtete seinen Geschwistern von der »unwürdigen Aufführung unserer lieben Mutter«. Aber sie selbst war ausgeglichener Stimmung, ganz munter und keineswegs vereinsamt. — Zwei Jahre währte dieses Leben, das sie frei und ohne Verpflichtungen, aber keinesfalls üppig lebte. An einem Herbstnachmittag starb sie ganz unvermittelt. »Sie hatte die langen Jahre der Knechtschaft und die kurzen Jahre der Freiheit ausgekostet und das Brot des Lebens aufgezehrt bis auf den letzten Brosamen.«[59]

War das »zweite« Leben dieser Frau das Leben einer »unwürdigen Greisin« — wie Brecht provozierend diese Geschichte überschrieb? Für »unwürdig« kann es nur halten, wer die Würde einer Frau und Mutter ausschließlich darin sieht, daß sie lebenslang für ihre Kinder da zu sein und nicht an sich selber zu denken habe. Aber ist menschliche Würde ohne Selbstbestimmung denkbar? Nur wer eine Frau und Mutter auf die Rolle selbstloser Aufopferung fixiert, kann sagen, diese Frau sei in ihren letzten Lebensjahren »aus der Rolle gefallen«. Hatte sie sich nicht zu Recht von einer falschen Rollenerwartung freigemacht?
Die bekannte Psychagogin Christa Meves hat klar herausgestellt, daß für die meisten Frauen mit der Vollendung des vierten Lebensjahrzehnts, wenn die Kinder erwachsen sind und das Elternhaus verlassen haben, ein zweiter Lebensabschnitt beginnt, dessen Sinn darin besteht, zu sich selbst zu kommen.[60] Es gilt zu erkennen, daß die Mutteraufgabe zwar eine wesentliche, nicht aber die einzige Lebensaufgabe der Frau ist. Frauen, die den Sinn ihres Lebens allein in der Verwirklichung aktiver Mutterschaft sehen, müssen die zweite Lebenshälfte fürchten, weil sie ihnen sinnentleert erscheinen muß. Gerade sie »bedürfen einer inneren Distanzierung von ihren Kindern und einer Hinwendung zu eigenen Interessen und Begabungsrichtungen, die sie in der ersten Lebenshälte der dringlichen äußeren Pflichten nicht zu pflegen und auszubilden in der Lage waren.«[61]
Ist die erste Lebenshälfte bestimmt durch Aktivität nach außen, so die zweite durch Aktivität nach innen: Verinnerlichung, Belebung seelischer Tiefen-

kräfte, Entwicklung geistiger Fähigkeiten, Vertiefung der ehepartnerschaftlichen und mitmenschlichen Bezüge, Hinwendung zum Religiösen. Ist die erste Lebenshälfte auf die Erfüllung der Bedürfnisse anderer (Fremdbestimmung) gerichtet, so die zweite auf die Erfüllung eigener Bedürfnisse (Selbstbestimmung): Nachgehen eigener Interessen, Verwirklichung bisher ungenutzter und ungelebter Fähigkeiten und Eigenschaften, Horchen auf altersentsprechende Bedürfnisse. Ist die erste Lebenenshälfte durch Selbst-loses Dasein für andere gekennzeichnet, so die zweite durch die Entfaltung des eigenen individuellen Selbst: Ergänzung und Abrundung der eigenen Persönlichkeit durch Pflege des Gegensätzlichen, Ungelebten; Nachholen lebensnotwendiger Selbständigkeit, Unabhängigkeit auch von den eigenen Kindern, Freiwerden vom Anspruch auf Dankbarkeit für geleistete Opfer, in sich selbst ruhen.
Auch in dieser Sicht stehen Selbstlosigkeit und Selbstliebe in einer lebendigen Wechselbeziehung.

Die Theologin Dorothee Sölle, die das Schema »Gehorsam« durch »Phantasie« abgelöst wissen möchte, hat im Anschluß an Brechts Kalendergeschichte von der »unwürdigen Greisin« darüber hinaus gefragt, ob nicht eine veränderte Gesellschaft denkbar wäre, die die Aufopferung einiger nicht mehr nötig habe; und zwar sowohl im Interesse derer, an die bisher fast übermenschlichen Verzichtsforderungen gestellt wurden als auch im Interesse derer, die ein solches Maß an Selbstaufgabe von anderen fordern oder annehmen und damit nicht nur den Sichaufopfernden, sondern zugleich sich selbst entwürdigen.[62] Wohl weiß Dorothee Sölle, daß die Fähigkeit zum Aufschieben von Wünschen, zum Verzicht um anderer willen zur Menschlichkeit gehört; aber es geht dabei nicht um Verzicht auf das eigene Leben, sondern um Teilverzichte auf bestimmte konkrete Erfüllungen um einer höheren Erfüllung willen. Es kann auch nicht um gewohnheitsmäßigen, lebenslangen Verzicht gehen, sondern nur um Verzicht in bestimmten Grenzsituationen. Alle Opfer und Verzichte, sagt Dorothee Sölle, die lebenslänglich verlangt werden, produzieren letztlich Unmenschlichkeit. Opferbereitschaft, die zur habituellen Tugend, zur Lebensleistung wird, ist zerstörend und tödlich. Opfer und Verzicht haben nur Sinn, wenn sie in Übereinstimmung des Menschen mit sich selbst getan werden, und niemand hat das Recht, von einem anderen zu verlangen oder auch nur zu erwarten, daß er um anderer willen sich selbst aufgibt. Selbstlosigkeit ist nur möglich, wo ein bestimmter Stand des zu sich selbst gekommenen Menschen erreicht ist. Erst wenn die eigene Liebesfähigkeit geweckt ist, wenn einer so viel an Glück erfahren hat, daß es von ihm ausstrahlen kann, wenn die eigene Identität gegründet ist, kann ein Mensch wirklich Opfer bringen. »Die Fähigkeit des Verschenkens wächst mit dem Reichtum des Selbst.«[63]

»Die moderne Sozialpsychologie hat den Zusammenhang von Selbstliebe und Nächstenliebe oder – negativ ausgedrückt – von Frustration und Aggression wieder ins Licht des Bewußtseins geholt und aufs neue bewiesen«, schrieb der Psychologe und Publizist Ulrich Beer.[64] Mit einfachen Worten: Wer selber keine Liebe erfährt, kann auch nicht lieben – weder sich selbst noch seinen Nächsten. Vielmehr staut sich in ihm ein Potential von Ressentiment, Haß und Aggression auf, das sich bei dem geringsten Anlaß gegen seine Mitmenschen entladen kann. Wer einem Menschen, der unterdrückt und um seine Grundrechte betrogen wurde, dessen Bedürfnis nach Leben und Glück unerfüllt blieb, Nächstenliebe predigt, handelt törich, ja unmenschlich und muß sich nicht wundern, wenn er negative Reaktionen auslöst.

Wer unter den Menschen die Nächstenliebe vermehren will, muß zuerst Gaben und Güter verteilen, Bedürfnisse erfüllen, Lebensrechte anerkennen. Denn wer Liebe geben soll, muß zuerst Liebe empfangen. Darum ist zu Recht gesagt worden, daß die Nächstenliebe viel stärker vom Lebensrecht als vom moralischen Gebot her gesehen werden sollte, als »Konsequenz der Selbstliebe, die in dem Gebot der Nächstenliebe selbstverständlich vorausgesetzt wird: ›Du sollst deinen Nächsten lieben wie dich selbst‹.«[65]

Dorothee Sölle hat einmal gesagt: »Je mehr Glück,

um so mehr Fähigkeit zu wirklicher Preisgabe (d. h. zur Liebe). Je glücklicher einer ist, um so leichter kann er loslassen (d. h. seine Ichhaftigkeit überwinden).«[66] Ich halte diese Sätze in ihrer Verallgemeinerung für falsch. Glück birgt in sich ebenso sehr die Versuchung zum selbstsüchtigem Genießen und zum selbstgenügsamen Sichabschließen. In den meisten Fällen muß der Mensch erst am eigenen Leibe leiden, ehe er zum Mitleiden mit anderen fähig wird. Aber es gibt Ausnahmen, die bestätigen, daß auch erfahrenes Glück ein starker Antrieb zur Nächstenliebe sein kann. Das hervorragendste Beispiel dafür ist Albert Schweitzer, eines der großen Vorbilder christlicher Nächstenliebe im 20. Jahrhundert. Seinen Entschluß, Urwaldarzt in Äquatorialafrika zu werden, faßte er nicht — wie seine Umgebung mutmaßte — aus Enttäuschung oder wegen trauriger Herzenserlebnisse, sondern aus Dankbarkeit für ein glückliches Leben. An einem strahlenden Sommermorgen, so erzählt er selbst, als er, einundzwanzigjährig, während der Pfingstferien in Günsbach erwachte, überfiel ihn der Gedanke, daß er das Glück, studieren zu dürfen und in Wissenschaft und Kunst etwas leisten zu können, nicht als etwas Selbstverständliches hinnehmen dürfe, sondern etwas dafür geben müsse. Nach ruhigem Überlegen faßte er dann den Entschluß, sich von seinem dreißigsten Lebensjahr an »einem unmittelbaren menschlichen Dienen zu weihen«.[67] Dieser Entschluß, so sagt er, habe seinem äußeren Glück das innerliche hinzugefügt.

Als er mehr als zwanzig Jahre später nach seiner

ersten Wirksamkeit im Urwaldhospital nach Straßburg zurückkehrte, hielt er seine berühmten Predigten über die »Ehrfurcht vor dem Leben«, dem tragenden Begriff seiner Lebenslehre und Kulturphilosophie.[68] Der ersten Predigt lag das Doppelgebot Jesu (Mark. 12, 28—34) zugrunde: »Du sollst Gott, deinen Herrn, lieben . . .« und »Du sollst deinen Nächsten lieben als dich selbst«.

Schweitzer stellt fest, daß unser Geschlecht in der Zeit, in der es Sittlichkeit bewähren sollte, die Sittlichkeit verloren habe, weil sie ihm nur angelernt war, weil es den Maßstab für das Sittliche nicht besaß. Dieser Maßstab ist die Ehrfurcht vor dem Leben in allen seinen Erscheinungen, die Ehrfurcht vor allem Sein, die Liebe zur Kreatur. Sie ist das »Mittelstück zwischen der Liebe zu Gott und der Liebe zu den Menschen«.[69]

»Aus Ehrfurcht zu dem unbegreiflich Unendlichen und Lebendigen, das wir Gott nennen, sollen wir uns niemals einem Menschenwesen gegenüber als fremd fühlen dürfen, sondern uns zu helfendem Miterleben zwingen. — Der andere Mensch muß dir so nahestehen wie du dir selber; du mußt, was ihn angeht, so unmittelbar erleben wie das, was dich betrifft.«[70]

Dieser Gedanke wird in der zweiten Predigt weitergeführt; dabei folgt dem ganz persönlichen Bekenntnis ein beschwörender Appell an seine Hörer:

»Wer einmal das Weh der Welt in sich erlebt, der kann nicht mehr glücklich werden in dem Sinne, wie der Mensch es möchte. In den Stunden, die ihm Zufriedenheit und Freude bringen, ist er nicht imstande, sich unbefangen dem Behagen hinzugeben, sondern das Weh, das er miterlebt, ist da. Er hat gegenwärtig, was er geschaut. Er gedenkt des Armen, den er angetroffen, des Kranken, den er geschaut, des Menschen, von dessen schwerem Schicksal er gelesen – und Dunkel fällt in die Helligkeit seiner Freude ... Und da sagt der Versucher: So kann man nicht leben. Man muß absehen können von dem, was um einen vorgeht. Nur keine so große Empfindsamkeit. Erziehe dich zur notwendigen Gefühllosigkeit, leg einen Panzer an, werde gedankenlos wie die andern, wenn du vernünftig leben willst. Zuletzt kommen wir dann so weit, daß wir uns schämen, das große Miterleben und das große Mitleiden zu kennen. Wir verheimlichen es voreinander und tun, als wäre es uns etwas Törichtes, so etwas, das man ablegt, wenn man anfängt, ein vernünftiger Mensch zu werden.

Ich sage euch, laßt euch nicht abstumpfen, bleibt wach! Es gilt um eure Seele. Wenn ich in diesen Worten, in denen ich das Innerste meiner Gedanken preisgebe, euch, die ihr jetzt hier seid, zwingen könnte, daß ihr den Trug, mit dem uns die Welt einschläfern will, zerreißt, daß keiner von euch mehr gedankenlos sein kann, daß ihr nicht mehr davor erschauert, die Ehrfurcht vor dem Leben und das große Miterleben kennenlernen zu müssen, euch darin zu verlieren, dann wäre ich zufrieden und würde meine Tätigkeit als gesegnet ansehen ...

Ich, der ich sonst eine Angst habe, Einfluß auf Menschen auszuüben, wegen der Verantwortung, die man dabei übernimmt, möchte Gewalt besitzen, euch zu verzaubern, daß ihr mitfühlend werdet, bis jeder von euch den großen Schmerz erlebt, von dem man nicht mehr loskommt, wissend werdet im Mitleiden; denn ich dürfte mir dann sagen, daß ihr auf dem Wege zum Guten seid und ihn nicht mehr verlieren könnt. Unser keiner lebt sich selber: Möge uns das Wort verfolgen und nicht zur Ruhe kommen lassen, bis man uns ins Grab bettet.«[71]

Selbständigkeit

Ehe man einen Menschen zur Nächstenliebe ermahnt, kann es unter Umständen nötig sein, ihm Mut zu sich selbst zu machen und ihm zu helfen, selbständig zu werden. Es ist ein Prüfstein für die Echtheit der Nächstenliebe, ob sie der Selbständigkeit und Eigenart des anderen Raum läßt oder ob sie sich in selbstbefriedigender Weise dem andern aufdrängt und ihn von sich selbst und seiner Fürsorge abhängig macht. Die Liebe der Mutter steht immer in der Gefahr, ihr Kind zum Objekt ihrer liebenden Zuwendung zu machen, indem sie es verwöhnt, anstatt es zu entwöhnen, indem sie es überbehütet, anstatt es zur Selbständigkeit zu erziehen, indem sie es an sich bindet, anstatt es freizugeben zu eigenem verantwortlichen Leben. »Eure Kinder sind nicht euer Besitz«, sagt der arabische Dichter Chalil Dschibran († 1931), »sie sind die Söhne und Töchter der Sehnsucht des Lebens nach sich selbst.« Auch die besitzergreifende Liebe der Ehepartner steht in der Gefahr, dem andern seine Selbständigkeit und sein Eigenleben zu nehmen.

Schließlich besteht diese Gefahr auch in dem Verhältnis von selbständigen (reichen) und abhängigen (unterentwickelten) Gruppen. Ein aktuelles Beispiel dafür ist das umstrittene Moratorium (= Unterbrechung), das auf der Weltmissionskonferenz in Bangkok (1973) beschlossen wurde. Es handelt sich um die Empfehlung an die missionierenden Kirchen, auf Bitten der Empfängerkirchen der Dritten Welt in bestimmten Fällen für eine begrenzte Zeit die materielle und personelle Hilfe einzustellen, damit die Kirchen der Dritten Welt ihren eigenen Weg und ihre eigene Identität finden können. Die afrikanischen Theologen, die dazu den Anstoß gaben, standen unter dem Eindruck, ihre Kirchen seien in ein Abhängigkeitsverhältnis von Macht, Geld und Wissen der besitzenden Kirchen geraten. Hinter ihrer Bitte steht der Wille zu Selbständigkeit und Mündigkeit. Sie möchten ihre eigenen Gaben, Kräfte und Möglichkeiten entdecken und einsetzen. Während führende Theologen unter den konservativen Evangelikalen in dem Moratorium einen »Verrat an dem bis zur Wiederkunft Jesu Christi gültigen Missionsbefehl« und einen »Sabotageakt in seinem (Christi) göttlichen Reichshandeln« sehen, sehen führende Theologen der ökumenischen Missionsbewegung in dem Moratorium »das beste Mittel zur Lösung des gegenwärtigen Dilemmas«, das herrührt aus »unserem Versagen, in einer Weise miteinander umzugehen, die nicht entwürdigt«. Für sie zielt das Moratorium auf die »Wirklichkeit, Freiheit und Selbsterfüllung des andern« und auf »reife Partnerschft« zwischen den Kirchen. In dem Bericht der Sektion III der Weltmissionskonferenz in Bangkok heißt es: »Das Moratorium würde die empfangende Kirche in die

Lage versetzen, ihre Identität zu finden, ihre eigenen Prioritäten zu setzen und innerhalb ihrer eigenen Reihen die Mittel zu finden, ihre eigentliche Mission wahrzunehmen. Aber auch die sendende Kirche würde dadurch in die Lage versetzt, ihre Identität im Zusammenhang mit der gegenwärtigen Situation wiederzufinden.«[72]

Selbstbehauptung

Wahre Nächstenliebe muß gelegentlich den anderen darin bestärken, den Ansprüchen seiner Mitmenschen zu widerstehen, um das eigene Selbst und seine Würde zu wahren. Zum Beispiel einen erwachsenen Menschen, der sich von seiner Mutter so sehr zu Dank verpflichten und an sie binden läßt, daß er seine Selbständigkeit aufgibt. Oder einen Menschen, der einem anderen hörig und im Begriff ist, sich selbst aufzugeben. Oder einen Menschen, der sich von anderen so sehr beherrschen und unterdrücken läßt, daß er kein Eigenleben mehr hat. Niemand hat das Recht, von einem Menschen zu fordern, daß er die Identität mit sich selbst preisgibt. Darum kann es ein christliches Werk sein, das Selbstbewußtsein eines Menschen zu stärken, ihn zur Selbstbehauptung und, wenn es sein muß, auch zur Selbstverteidigung zu ermutigen. Der christliche Arzt, Psychologe und Seelsorger Paul Tournier sagt: »Sich selbst zu behaupten und nach seiner Überzeugung zu handeln heißt nicht, den anderen in den Schatten stellen, solange es mit Liebe geschieht. Es heißt vielmehr, den anderen aufzufordern, dasselbe zu tun und mit ihm in ein echtes Gespräch zu kommen. Und sich selbst verleugnen, heißt keineswegs soviel wie sich zu zwingen, eine untergeordnete Rolle zu spielen, seine eigenen Überzeugungen zu unterdrücken und ein unechtes Aushängeschild an seine Türe zu hängen. Es heißt vielmehr gerade, darauf zu verzichten, sich eine konventionelle Hülle zurechtzumachen und statt dessen den eigenen Lebensweg in die Hände Gottes zu geben, damit er uns im Gespräch mit Ihm nach seinem Plan zu uns selbst erweckt.«[73]

Selbstachtung

Das Gesagte gilt nicht nur für einzelne, sondern auch für Minderheitengruppen auf gesellschaftspolitischer Ebene. Ein Vertreter der Black-Power-Bewegung hat einmal geäußert: »Martin Luther King hat versucht, uns (die Schwarzen) dazu zu kriegen, die Weißen zu lieben, ehe wir uns selbst lieben gelernt hatten, und das ist nicht gut.«[74] Erst hätten die Schwarzen lernen müssen, sich selbst zu lieben, ehe sie die Weißen lieben konnten. Es kann hier nicht darum gehen, zu untersuchen, ob dieser Vorwurf gegen Martin Luther King zu Recht besteht. Es geht hier vielmehr um den aufgezeigten Zusammenhang von Selbstliebe und Nächsten- bzw. Feindesliebe. Black Power lehrt, »daß Liebe, wie die Barmherzigkeit, zu Hause beginnt; – daß sie bei uns (Schwarzen) selbst beginnen muß, bei unsrem schönen schwarzen Selbst«.[75] Black Power heißt: »Schwarze Menschen verwirklichen ihre Bestimmung.«[76] Black Power will: »Selbstbestimmung mit Hilfe jedes dazu notwendigen Mittels – wenn es sein muß, mit Gewalt.«[77]

Bedeutet das eine Leugnung des christlichen Liebesgebotes? Dieser Frage ist James H. Cone, Professor am Union Theological Seminary in New York, in seiner theologischen Interpretation der Black-Power-Bewegung nachgegangen.[78] Dabei geht er aus von der Grunderkenntnis des Neuen Testaments, nach der die Liebe des Menschen zu Gott und seinem Nächsten ihre Motivation in der Liebe Gottes zum Menschen hat. Die Liebe Gottes zum schwarzen Menschen, so führt Cone aus, bedeutet: »Der Schwarze braucht sich nicht selbst zu hassen, weil er nicht weiß ist, und er muß es nicht für nötig halten, so zu werden wie die anderen. Seine Schwärze, die von der Gesellschaft verachtet wird, ist ein besonderes Stück Schöpfung, das Gott selbst gemacht hat. Er ist etwas wert, denn Gott teilt Wert dadurch mit, daß er liebt. Das heißt, daß Gott ihm ein neues Bild seiner selbst gegeben hat, so daß er nun werden kann, was er ist. Durch Gottes Liebe hat der schwarze Mensch die Kraft erhalten, andere dazu zu bringen, ihn anzuerkennen.«[79] Die Liebe Gottes begründet die Selbstachtung der Schwarzen – trotz der Verachtung durch die Weißen. Sie begründet die Würde der Schwarzen – trotz der Demütigungen durch die Weißen. Sie begründet die Freiheit der Schwarzen, das in den Blick gefaßte Selbst zu verwirklichen – trotz der Knechtung durch die Weißen.

Den weißen Nächsten lieben, so führt Cone weiter aus, bedeutet für den Schwarzen, ihm als ein Du begegnen – ohne die Spur einer Absicht, einen Schritt breit nachzugeben, indem er sich vom Weißen zu einem »Es«, zu einer »Nicht-Person« machen läßt.

Black Power, Unruhe und Widerstand der Schwarzen gegen die Unterdrückung, ist einerseits Ausdruck der Liebe der Schwarzen zu sich selbst als Gottes Geschöpfe und andererseits Ausdruck der Liebe zu ihren weißen Unterdrückern; denn nur wenn die Schwarzen die Freiheit zur Selbstbestimmung gewinnen, werden die Weißen von der Knechtschaft des Rassismus befreit. In einer schwarzen Unabhängigkeitserklärung aus dem Jahre 1970 heißt es: »Wir betrachten es als selbstverständliche Wahrheit, daß alle Menschen gleich geschaffen und von ihrem Schöpfer mit bestimmten, unveräußerlichen Rechten ausgestattet worden sind, zu denen das Recht auf Leben, Freiheit und Streben nach Glück gehört; aber wenn diese Gleichheit und diese Rechte bewußt und andauernd verweigert, vorenthalten oder verleugnet werden, sind es die Betroffenen ihrer Selbstachtung und Ehre schuldig, sich in Empörung zu erheben, um diese sicherzustellen.«[80]

Selbstbestimmung

Was von der Selbstbestimmung unterdrückter rassischer Minderheiten gilt, gilt auch von der Selbstbestimmung unterdrückter Völker. Von der »Achtung vor dem Grundsatz der Gleichberechtigung und Selbstbestimmung der Völker« ist schon in der Charta der Vereinten Nationen von 1945 die Rede. In den beiden Menschenrechtskonventionen der Vereinten Nationen von 1966 wurde das Selbstbestimmungsrecht der Völker in gleichlautenden Artikeln als Grundrecht jener menschlichen Gesellschaft, in welcher die Menschenrechte zu verwirklichen sind, bekräftigt: »Alle Völker haben das Recht auf Selbstbestimmung. Kraft dieses Rechtes entscheiden sie frei über ihren politischen Status und verfolgen in Freiheit ihre wirtschaftliche, soziale und kulturelle Entwicklung« (Art. 1). Leider ist das, was in diesen Sätzen festgelegt ist, kein bestimmendes Element unserer Wirklichkeit, und es steht keine Macht hinter ihnen, die ihre Verwirklichung durchsetzen könnte. Es bleibt nur zu hoffen, daß sie unter dem »Zwang zum Frieden« zunehmend respektiert werden.

Es kann dabei allerdings nicht um eine freie, ungeregelte Selbstbestimmung gehen, in der jedes Land seine eigenen Interessen verfolgt und sein eigenes Wesen auslebt. Das würde – wie die beiden Weltkriege gezeigt haben – zu Anarchie und Krieg führen. Die Selbstbestimmung eines Volkes findet ihre Grenze an der Selbstbestimmung anderer Völker: »Nur wer auf einen Teil seiner Souveränitätsrechte für immer verzichtet, kann in eine Mitbestimmung der Völker eintreten.«[81] In einer Entwicklung, in der nach einer bekannten Formulierung C. F. von Weizsäckers die Außenpolitik der Völker in eine Weltinnenpolitik umgewandelt werden muß, muß die Selbstbestimmung einzelner Völker zur Mitbestimmung aller werden. Es geht darum, neue Formen der Mitbestimmung der Völker an der Gestaltung ihres eigenen und des Schicksals der Welt zu entwickeln und zu erproben.

Selbstbegrenzung

Die Selbstentfaltung des Menschen findet nicht nur an der Selbstentfaltung anderer ihre Grenze; sie wird auch, wenn die Vernunft es erfordert, vom Menschen selbst begrenzt. Er fastet, obgleich er gut und reichlich essen könnte; er übt Askese, obgleich er sich mehr Bequemlichkeit und Wohlstand leisten könnte; er verzichtet darauf, etwas zu machen, was für ihn machbar wäre. Warum? Aus der Einsicht und Erfahrung, daß ein Mehr ihm nicht zuträglich wäre, daß er dadurch in Abhängigkeiten geraten würde, daß er sich selbst verlieren könnte. Freiwillige Selbstbeschränkung dient letztlich der Erhaltung des Lebens, der Bewahrung der Freiheit und der Stärkung des Selbst.

Selbstbegrenzung ist heute zu einem weltweiten Problem geworden. Nachdem sich die Menschen durch Jahrhunderte hindurch mit Hilfe von Wissenschaft und Technik die Erde untertan gemacht und ihre natürlichen Ressourcen bedenkenlos ausgebeutet haben, um immer besser und unabhängiger von den natürlichen Gegebenheiten leben zu können, werden sie nun der »Grenzen des Wachstums« inne. Der diesbezügliche Bericht des Club of Rome zur Lage der Menschheit[82] sagt bei unveränderter Verhaltensweise der Menschen in absehbarer Zeit eine Katastrophe globalen Ausmaßes voraus: Bevölkerungsexplosion, Hungertod durch Überbevölkerung, Erschöpfung der nichtregenerierbaren Rohstoffvorräte, zunehmende Vergiftung der Umwelt, Überschreitung der Absorptionsfähigkeit von freigesetzten Schadensstoffen, Zusammenbruch des ökologischen Systems, Ende des Wirtschaftswachstums und der Zivilisation, Zusammenbruch der Weltwirtschaft, gewaltsame Auseinandersetzungen um sozialen Ausgleich, Rückfall in kulturelle Barbarei.

Anders als die drohende Katastrophe einer atomaren Selbstvernichtung durch einen einzigen Akt menschlicher Unvernunft vollzieht sich diese Katastrophe berechenbar in einem langsamen Prozeß zunehmender Zerstörung der menschlichen Lebenswelt. Sie ist die Folge der »Todsünden der zivilisierten Menschheit« und ist nur abzuwenden durch eine »grundsätzliche Änderung der Wert- und Zielvorstellungen des einzelnen, der Völker und auf Weltebene«[83] und durch eine selbstauferlegte Beschränkung des Wachstums, sowohl hinsichtlich der Zeugung neuen Lebens, als auch hinsichtlich der Massenproduktion von Gütern, des Energieverbrauchs, des materiellen Wohlstandes und der Herstellung von Dingen, die technisch machbar sind.

Die »Botschaft« des Club of Rome angesichts der »mißlichen Lage der Menschheit« wurde bezeichnenderweise erst zur Kenntnis genommen, als die Ölkrise im Jahre 1973 der zivilisierten Welt einen Schock versetzte. Aber aufs Große und Ganze gesehen ist sie in dem Maße, in dem die Ölkrise überwunden wurde, aus dem Bewußtsein verdrängt worden. Das schließt jedoch nicht aus, daß einerseits Interessengruppen, die an der Erhaltung des jetzigen Systems interessiert sind, nach Kräften den Bericht des Club of Rome abqualifizieren, und andererseits Gruppen, die an einer grundlegenden Veränderung des Systems interessiert sind, als pressure-groups aktiv werden.

Zeigte die erste Vorlage des Club of Rome die »Grenzen des Wachstums« auf, so befaßte sich die zweite mit der Frage, wie unsere Zivilisation aus der Phase des exponentiellen Wachstums in das »globale Gleichgewicht« überführt werden kann. Über die Forderung des Club of Rome nach »organischem Wachstum« hinaus forderte Ivan Illich in seiner politischen Kritik der Technik und der ihr nachgeordneten Institutionen die »Einleitung einer Politik der Selbstbegrenzung«.[84] Er sieht den Menschen nicht nur durch die fortschreitende Zerstörung seiner Umwelt bedroht, sondern auch durch seine der Entmündigung gleichkommende Unterwerfung unter die Apparate und Institutionen des Industriesystems. Darum kann seiner Ansicht nach die gegenwärtige Krise nicht dadurch überwunden werden, daß von oben her eine Begrenzung der industriellen Produktion und Dienstleistungen verordnet wird; vielmehr muß die Grundstruktur der Industriegesellschaft in Frage gestellt werden.

Illich hält eine »multidimensionale Entsagung« für notwendig. Die Menschen müssen lernen zu verzichten und in gewissen Grenzen zu leben. »Das menschliche Überleben ist davon abhängig, daß die Interessierten *von selbst* rasch lernen, was sie *nicht tun dürfen*. Die Menschen müssen lernen, ihre Fortpflanzung, ihren Konsum und ihren Gebrauch der Dinge zu begrenzen. Wie Selbstbeherrschung nicht das Ergebnis einer Manipulation sein kann, so ist es auch unmöglich, die Menschen zur freiwilligen Selbstbegrenzung und Freude an Selbstbetätigung zu *erziehen*. In einer Welt, die vollkommen darauf angelegt ist, immer mehr zu produzieren und dabei die Illusion zu schaffen, daß das alles immer billiger sei, ist es unmöglich, den freiwilligen Verzicht zu *lernen*.«[85]

Hier liegt das Problem der »Ethik der Selbstbegrenzung«[86]: den Schritt von der Einsicht in die Notwendigkeit der Selbstbegrenzung zur gelebten und gekonnten Selbstbegrenzung zu tun. Er setzt voraus, daß der Mensch selbst ein anderer wird, daß ihm noch etwas bevorsteht, was er selbst nicht ist.

Selbstverwirklichung und Weltverantwortung

Die Frage nach dem Verhältnis von Selbstliebe und Nächstenliebe stellt sich auf gesellschaftspolitischer Ebene als die Frage nach dem Verhältnis von Selbstverwirklichung und Weltverantwortung bzw. von Selbstveränderung und Weltveränderung.

Auf der einen Seite gibt es eine Gruppe von sozial und politisch Engagierten, die sagen: Die Frage nach Selbstverwirklichung ist eine überholte bürgerlich-individualistische Frage, die auf den einzelnen, nicht aber auf die von ihm verantwortete Welt zielt. Wir haben nicht das Recht und auch nicht die Zeit, uns auf die Frage nach dem Umgang mit sich selbst einzulassen in einer Welt, deren dringendste Fragen den Umgang mit dem Geld, der Macht und dem Eigentum betreffen. Es geht um die Veränderung der Verhältnisse, damit alle Menschen überhaupt erst einmal menschenwürdig leben können. Die Frage nach der Selbstverwirklichung ist für sie keine christliche Frage; denn das Thema des Evangeliums ist nicht Gott und die Seele, sondern Gott und die Welt. Es zielt nicht auf das Heil des einzelnen, sondern auf das Heil der Welt. Es ist eine öffentliche, weltgestaltende und weltverändernde Macht. Ihm entspricht ein Glaube, der sich im gesellschaftlichen, sozialen und politischen Handeln bewährt. Nicht im Handeln einzelner, sondern in Aktionen von Projektgruppen, die beispielsweise für die Senkung der Zölle für Waren aus den Entwicklungsländern eintreten, oder für ein Bildungssystem, das allen die gleiche Chance gibt, oder für ein neues Bodenrecht. Dagegen ist für sie das Streben nach Selbstverwirklichung nur Ablenkung vom weltlich gewordenen Evangelium, Rückzugsgefecht konservativer Christen, religiöse Selbstbefriedigung. Ihr entspricht eine Kirche, die zum Selbstzweck geworden ist, der es um ihre Macht, ihr Geld und ihren Bestand geht, also letztlich um ihre Selbstbehauptung in der Welt.

Dorothee Sölle, die gewiß nicht in dem Verdacht steht, von bürgerlich-innerlicher Denkweise geprägt zu sein, hat gegenüber der hier skizzierten Einstellung betont, daß für sie die Frage nach dem Umgang mit sich selbst keineswegs erledigt, sondern eine legitime Frage christlicher Ethik sei und bleibe. Denn: »So sehr wir heute daran arbeiten müssen, neue Formen des Zusammenlebens zu finden, in denen Menschen aus dem tödlichen Mißverständnis, das Glück in den privaten Konsum möglichst vieler erlesener Güter zu setzen, befreit werden, so sicher ist doch, daß auch kollektive Lebensformen nur dort gedeihen, wo Menschen auch allein sein können und gelernt haben, mit sich selber umzugehen.«[87]

Auf der anderen Seite gibt es eine Gruppe von Menschen, die sich frustriert und resigniert aus der Gesellschaft zurückgezogen haben. Ihr einseitiges gesellschaftliches Engagement ist umgeschlagen in eine einseitige Beschäftigung mit sich selbst. Eine Siebzehnjährige stellte fest: »Nach zuviel sozialem Denken ist wieder ein deutlicher Trend nach einem ›Zu-sich-selbst-Finden‹ zu bemerken.«[88] Und ein Siebzehnjähriger meinte sogar, die Suche nach sich selbst sei »stärker als alles andere«.[89] Diese Einstellung fand ihren Ausdruck in der weltweiten Hippiebewegung. Die Hippies haben die innere Leere und Seelenlosigkeit der Überfluß- und Überdrußgesellschaft wie eine Krankheit durchlebt. Sie streben nicht nach äußerlichem Wohlstand und Wohlleben, sondern nach Individualität und Subjektivität, nach Bewußtseinserweiterung und Selbsttranszendierung. »Hip« bedeutet: das wahre Selbst entdecken, sich vervollkommnen, glücklich werden.[90] Die Hippies möchten die Barrieren des Bewußtseins durchbrechen, um im unbekannten Unbewußten, im Transzendenten, die Ergänzung des bewußten Ich, die Seele, das Selbst zu finden. Von daher erklärt sich die Anziehungskraft, die der Buddhismus auf sie und viele andere Europäer ausübt. Während das Christentum mehr auf Mitmenschlichkeit und Nächstenliebe abzielt, ist der Buddhismus, indem er zu Einsamkeit, Abgeschlossenheit, kontemplativem Leben und politischer Gleichgültigkeit ruft, durch die Suche nach dem Selbst bestimmt. Insbesondere der Zen-Buddhismus hat die »Erweckung zu unserem wahren Selbst« zum Ziel, die mit der »Befreiung von unserem kleinen Selbst oder persönlichen Ego« verbunden ist.[91]

Als Mittel zur Ausweitung der Persönlichkeit über die materielle Existenz hinaus dienen den Hippies und vielen anderen der jungen Generation leidenschaftliche Rhythmen und Melodien, ekstatische Tänze, Anrufungen und Beschwörungen, Yogaübungen, mystische Versenkung und Transzendentale

Meditation, vor allem aber Rauschgifte. Drogen, so sagen sie, »verkürzen den Weg zur Selbstverwirklichung, zur Erkenntnis«;[92] nicht nur zur Selbsterkenntnis, sondern auch zur Erkenntnis des anderen, zur mystischen Erfahrung des Ich im Du. – Aber die Erfahrung zeigt, daß der Gebrauch von Drogen dazu führt, daß der Mensch zunehmend die Kontrolle über sich selbst verliert, daß eine krankhafte Veränderung der Persönlichkeit eintritt, die nicht selten in Selbstzerstörung endet.

Beide skizzierten Grundhaltungen sind einseitig und können jederzeit in ihr Gegenteil umschlagen: einseitig betonte Individualität in einseitig betontes soziales Engagement, einseitig betontes soziales Engagement in einseitig betonte Individualität. Solange man Selbstverwirklichung und Weltverantwortung – anders ausgedrückt: die Forderung »Ändert euch selbst« und »Ändert die Verhältnisse« – als ein Entweder – Oder versteht, das zur Entscheidung herausfordert, wird man von einem Extrem ins andere fallen. Es gilt zu erkennen, daß Selbstverwirklichung und Weltverantwortung wie die beiden Brennpunkte einer Ellipse sind, um die sich unser menschliches Leben und Handeln bewegt. Selbstverwirklichung und Weltverantwortung, Selbstveränderung und Weltveränderung gehören zusammen; denn: »Personale, innere Veränderung ohne das Ändern der Verhältnisse und Strukturen ist eine idealistische Illusion; als wäre der Mensch nur eine Seele und nicht Leib zugleich. Veränderung äußerer Verhältnisse ohne innere Erneuerung ist eine materialistische Illusion; als wäre der Mensch nur ein Produkt seiner gesellschaftlichen Verhältnisse und nichts sonst. Also muß man beides zur gleichen Zeit tun.«[93]

Entselbstung

Sabina heißt die Hauptfigur eines Romans von Anaïs Nin.[94] Sabina ist eine reife dreißigjährige Frau, mit einem fünf Jahre älteren Mann glücklich verheiratet. Sie ist die Frau geworden, die ihr Mann liebt: eine Idealgestalt, nicht aus dem geboren, was sie war, sondern aus seinem Wunsch und ihrem. Aber zuweilen muß sie bei sich denken: Seine Liebe gilt einer Frau, die ich nicht bin. Nicht mein ganzes Ich, nur eine Hälfte von mir, das unschuldige Mädchen, wird von ihm geliebt und beschützt. Es ist ihr, als trenne sie einen Teil von ihrem Wesen ab und zwinge ihn, gesondert vom Ganzen zu leben.

Von Zeit zu Zeit reiste sie fort, angeblich um als Schauspielerin mit einer Truppe auf Tournee zu gehen, in Wahrheit aber, um mit einem Liebhaber zusammen zu leben. Sie wollte die Schablone sprengen, in die sie gepreßt wurde, Identifizierungen unmöglich machen. Sie wollte nicht auf einen Ort, auf eine Bindung festgelegt werden. Sie wehrte sich gegen die Gewöhnung, gegen alles, was ihr die Hoffnung auf Veränderung nahm.

Wenn sie nach einem Flirt zu ihrem ahnungslosen Mann zurückkehrte, lebte sie wie ein Spion ständig in Furcht ,sich zu verraten, im Schlaf zu sprechen, eine verräterische Geste zu machen. Indem sie ihrem Mann die Reise beschrieb, die sie nicht gemacht hatte, und die Rolle schilderte, die sie nicht gespielt hatte, wünschte sie insgeheim, sie könnte ihm erzählen, was wirklich geschehen war. Sie sehnte sich nach einem Verstehen, dem es nicht darauf ankam, sie zu besitzen, sondern sie bis ins Letzte zu kennen und sie freizusprechen. Sie sehnte sich verzweifelt nach Güte, aber sie konnte ihren Mann nur als gütigen Vater sehen, der vielleicht über ihre Lügen erbost sein und sie bestrafen würde. Sie sehnte sich vor allem nach Absolution, damit sie wieder tief schlafen konnte. Es gab Augenblicke, in denen sie angesichts der Liebe, die er ihr zeigte, versucht war, ihm die ganze Wahrheit zu sagen, aber dann schreckte sie doch davor zurück, um sein Vertrauen und sein Glück nicht zu zerstören. Vor ihrem inneren Auge tauchte das Bild ihres Mannes auf, der so verzweifelt weinte, wie er es beim Tod seines Vaters getan hatte. Sie fürchtete, ihn zu verlieren. Wenn er sie verstoßen würde, würde er sie töten.

Sabina aber litt darunter, daß sie allen Beteiligten Rollen vorspielte und nirgendwo ganz sie selber sein konnte. Immer wenn sie eine Rolle beenden wollte, um wieder sie selbst zu werden, fühlte sich das andere Wesen in ihr betrogen und lehnte sich nicht nur gegen die Verwandlung auf, sondern wurde auch zornig über sie. Sie spürte: Manche Teile meines Ichs reißen sich von mir los wie Späne. Ein Teil blieb bei diesem, ein anderer bei jenem. Wo ich auch bin, bestehe ich aus vielen Teilen, wage nicht, sie alle zusammenzubringen, ebensowenig wie ich es wagen würde, die Männer, die ich liebe, zusammenzubringen. – Sie war in eine Vielzahl von Rollen, in eine Vielzahl von Sabinen gespalten, und sie hatte jede

Sabina einem anderen Mann vermählt, jede der Reihe nach einnm anderen Leben angepaßt. Ihr Bestreben, die verschiedenen Fragmente im Schmelzofen der Lust zu einer ganzen Liebe, zu einer ganzen Frau zu verbinden, war vergebens geblieben. Nun war sie der Anstrengung müde. Verzweifelt blickte sie auf zum Himmel und weinte: »Jemand soll mich halten – mich halten, damit ich nicht weiter von einer Liebe zur anderen rase, mich teile, mich spalte ... Füge mich zusammen ...«[95]

Sollte sie zu ihrem Mann zurückkehren? Würde er die Kraft haben, die verschiedenen Teile zusammenzubringen? Er liebte das unschuldige junge Mädchen, das er vor zehn Jahren geheiratet hatte, die erste Erscheinung Sabinas, das erste Bild, das in seine Hände geriet, die erste Dimension dieser komplizierten, komplexen, weitläufigen Serie von Sabinen, die später geboren wurden. Würde er die anderen Sabinen annehmen und lieben können, die sie ihm entzogen hatte? Sie erkannte, daß es falsch gewesen war, sie vor ihm zu verbergen. Wie ein Baum neue Wachstumsringe ansetzt, hätte sie jedes Jahr fähig sein müssen zu sagen: »Alan, hier ist eine neue Version von Sabina, füge sie zu den anderen, verschmelze sie miteinander, halte sie zusammen, wenn du sie umarmst, sonst wird jedes Bild ein eigenes Dasein führen, und es wird nicht eine Sabina sein, sondern es wird sechs oder sieben oder acht geben, die manchmal durch mühsame Synthese miteinander verschmolzen sind, manchmal aber auch getrennt.«[96]

Es gibt unzählige Menschen, die darunter leiden, daß sie von denen, die sie lieben, bewußt oder unbewußt gezwungen werden, eine bestimmte Rolle zu spielen und bestimmte Seiten ihres Wesens zu unterdrükken, um ihrem Bilde zu entsprechen. Weil das gegen die menschliche Natur ist, stürzen sie sich in heimliche Abenteuer, in denen sie die unterdrückten Seiten ihres Wesens frei ausleben können. Aber dieser Weg stellt keine Lösung dar, sondern führt zur Aufspaltung der Persönlichkeit und zur Entselbstung, dem Gegenteil von Selbstwerdung. Um aber sein zu dürfen, was er ist, bedarf der Mensch der Güte seiner Mitmenschen – nicht einer schwächlichen, engherzigen Güte, die nur einem begrenzten Teil des andern gilt, sondern einer Güte, die so stark und groß ist, daß sie den ganzen Menschen umfaßt, so wie er ist und durch solche Liebe alle Seiten seines Wesens zusammenhält.

Selbstwerdung

»Wir sind auf dem Weg zum Mond«, schrieb Anaïs Nin in ihr Tagebuch. »Das ist nicht weit. Der Mensch muß auf dem Weg in sich selbst sehr viel weiter gehen.«[97] Um die rund 400 000 Kilometer von der Erde zum Mond zurückzulegen, benötigt der Mensch heute drei Tage; aber für den Weg zu sich selbst, der ungleich abeneuerlicher ist, braucht der Mensch ein ganzes Leben. Die umfangreichen Tagebücher Madame Nins selbst geben auf subtile Weise Zeugnis von dem mühevollen Ringen um Selbsterkenntnis und Selbstwerdung.

Der Prozeß der Selbstwerdung, der von der Geburt bis zum Tod dauert, wird in der psychologischen Fachsprache als »Individuationsprozeß« bezeichnet.[98] Er ist die gegenläufige Bewegung zu den »Entselbstungen«, in denen der Mensch zugunsten einer äußeren Rolle oder zugunsten einer eingebildeten Bedeutung sein Selbst aufgibt. »Individuation« bedeutet: zum Einzelwesen (Individuum) werden, zur unverwechselbaren Einzigartigkeit (Individualität) gelangen, oder schlicht: man selbst werden. Individuation ist nicht im Sinne von Individualismus mißzuverstehen. Denn die Individuation besteht nicht in einer individualistischen Betonung der Eigenart gegenüber kollektiven Rücksichten und Verpflichtungen, sondern besteht gerade in einer besseren und völligeren Erfüllung der kollektiven Bestimmung des Menschen. C. G. Jung sagt: Eine genügende Berücksichtigung der Eigenart des Individuums läßt eine bessere soziale Leistung erhoffen, als wenn die Eigenart vernachlässigt oder gar unterdrückt wird.[99] Mit anderen Worten: Selbstwerdung und soziales Verhalten stehen nicht im Widerspruch zueinander, sondern in einer lebendigen Wechselbeziehung.

Die Individuation ist eine dem Menschen angeborene Möglichkeit – Jung spricht einmal vom »Trieb zur Selbstverwirklichung«.[100] Aber diese Möglichkeit verwirklicht sich in jedem Menschen auf eine einmalige Weise. Das ist wie mit einem Baum, beispielsweise einer Kiefer: In jeder Kiefer ist das Bild der Kiefer mit allen seinen Möglichkeiten im Samen angelegt. Aber jeder Kiefernsame wächst durch die örtlichen und zeitlichen Umstände bedingt zu ihrer einmaligen, nicht wiederholbaren Gestalt. Doch trotz der individuellen Unterschiede gleichen alle Kiefern einander, sonst könnten wir sie ja nicht als solche erkennen. So verläuft auch der seelische Wachstums- und Reifungsprozeß beim Menschen zwar nach einem bestimmten Grundmuster, aber bei jedem den inneren und äußeren Umständen entsprechend individuell verschieden. Nur, darin besteht der Unterschied zur Kiefer, daß der Mensch sich des natürlichen, unbewußt verlaufenden Individuationsprozesses bewußt werden und ihn bewußt vollziehen kann. Wo das geschieht, wird das Bewußtsein mit dem Unbewußtsein konfrontiert und dadurch herausgefordert, einen Ausgleich zwischen den Gegensätzen zu finden. Eben dies ist das Ziel der Selbstwerdung.

Erste Lebenshälfte

In der ersten Lebenshälfte ist der seelische Reifeprozeß gekennzeichnet durch die Verschiebung des Bewußtseinszentrums vom autos zum Ich (Ego).[101] Das autos nimmt die triebhaft-körperlichen Bedürfnisse wahr und reagiert automatisch auf sie – etwa im Sinne der Autoerotik –, ohne daß es sich selbst zu seiner Umwelt in Beziehung setzt. Wenn das Bewußtsein dadurch zunimmt, daß es einen Teil der den Trieben innewohnenden Energie an sich zieht, bildet sich das Ich. Es wird zum Subjekt aller persönlichen Bwußtseinsinhalte. Sagt der Mensch »Ich«, so unterscheidet er sich von seiner Umwelt und setzt sich selbst in Anpassung oder Kritik zu ihr in Beziehung.
Die Stärkung des Ich geschieht durch Bewußtmachung des »Schattens«. Wie jeder Mensch einen Schatten hat, der unlöslich zu ihm gehört und über den er nicht springen kann, so hat jeder Mensch eine »Schattenseite« nämlich die negative Seite der bewußten Persönlichkeit. Sie umfaßt alles, was der einzelne aus seinem Bewußtsein verdrängt, weil es ihm peinlich ist, oder weil es zu seiner bewußten Einstellung in Widerspruch steht. Je energischer ein Mensch seine Ideale verfolgt, um so unerbittlicher wird er alles, was seinen Idealen widerspricht, aus seinem Bewußtsein verbannen.

Da unsere Person aber ein unteilbares Ganzes ist und sich unerwünschte Teile nicht einfach abschneiden lassen, bedient sich die menschliche Natur eines Tricks. Sie projiziert die unterdrückten Eigenschaften und Charakterzüge auf andere Menschen oder Menschengruppen, nimmt sie an ihnen wahr und bekämpft sie in ihnen. Sie gibt dem anderen die Schuld an der Differenz zwischen dem vorgestellten Ideal und der Wirklichkeit, anstatt die Richtigkeit und Haltbarkeit der eigenen Erwartungen und Vorstellungen zu überprüfen. Auf die Frage, woran das läge, gab der Sozialpsychologe Tobias Brocher zur Antwort: »Offenbar an der bis heute noch wenig entwickelten Fähigkeit, einem sehr alten Gebot zu folgen, nämlich den anderen wie sich selbst zu lieben, also weder *nur* sich selbst, noch *nur* den Nächsten. Gleichzeitigkeit und gerechte Abwägung der Verteilung scheinen hier erhebliche Schwierigkeiten zu bereiten.«[102]

In der Regel gehören die Eigenschaften, die wir am meisten hassen, zu unserer Schattenseite. Es ist unsere Aufgabe, durch Selbstkritik und Selbsterkenntnis unseren Schatten zu erkennen und als Teil von uns selbst anzuerkennen, ihn demütig in unser Bewußtsein aufzunehmen, so wie ein Vater sich zu seinem unehelichen oder mißratenen Kind bekennt.[103] In dem Maße, in dem wir unseren Schatten annehmen, hören wir auf, ihn in andere Menschen hineinzuprojizieren. Und je mehr wir mit ihm in uns selbst fertig werden, um so unvoreingenommener und sachlicher können wir anderen Menschen begegnen. Wenn wir unseren eigenen »Schatten« angenommen haben, können wir auch andere Menschen mit ihren Schattenseiten annehmen.

Zweite Lebenshälfte

In der zweiten Lebenshälfte ist der seelische Reifungsprozeß gekennzeichnet durch die Verschiebung des Persönlichkeitszentrums vom Ich zum Selbst. Das Ich ist das Zentrum des Bewußtseins. Wenn das Bewußtsein dadurch zunimmt, daß es durch die Zurücknahme von Projektionen des kollektiven Unbewußten Energie aufnimmt, gewinnt das Selbst zentrale Bedeutung. Das Selbst ist eine dem Ich übergeordnete Größe, denn es ist das Zentrum sowohl des Bewußtseins als auch des Unbewußten. Es ist der innerste Seelenkern der psychischen Ganzheit.

Wenn der »Schatten« nicht das persönliche Unbewußte repräsentiert und nicht auf das gleiche Geschlecht hinweist, verkörpert er nicht individuell erworbene Inhalte des kollektiven Unbewußten. Meist tauchen dann hinter dem Schatten zwei weitere Figuren auf, die im Gegensatz zum Schatten stets gegengeschlechtlich sind und ebenfalls das kollektive Unbewußte repräsentieren: die *Anima* oder der *Animus.*[104] Die Anima (= Seele) verkörpert alle weiblichen Seeleneigenschaften im Manne: Beziehung zum Unbewußten, Empfänglichkeit für das Irrationale, Ahnungen, persönliche Liebesfähigkeit, Natursinn, Gefühle, Stimmungen u. a. Der Animus (= Verstand, Geist) verkörpert alle männlichen Seeleneigenschaften in der Frau: Mut, Unternehmungsgeist, Tapferkeit, Wahrhaftigkeit, geistige Tiefe und Klarheit u. a. Die Anima entspricht dem mütterlichen Eros, der Animus dem väterlichen Logos.

Anima und Animus haben für den einzelnen Menschen je nach dem Charakter der persönlichen Mutter bzw. des Vaters einen negativen oder einen positiven Aspekt. Die Anima erscheint negativ als verschlingende Mutter, als Hexe, als kalte, ruchlose Schöne oder als verführerisches elfisches Wesen. Positiv erscheint sie in vier Entwicklungsstufen als Eva (rein naturhafter Aspekt), als Helena (romantische Form des Eros), als Jungfrau Maria (vergeistigter Eros) und als personifizierte Weisheit (Führerin nach innen). Der Animus erscheint negativ als Tod, Räuber, Mörder oder Blaubart, positiv in vier Entwicklungsstufen als Verkörperung physischer Kraft, als Verkörperung von Initiative und Tatkraft, als Verkörperung des Geistes und des Wortes und als Vermittler schöpferischer und religiöser innerer, sinngebender Erfahrungen. Anima und Animus treten außer in Träumen nur in der Projektion auf Personen des anderen Geschlechts in Erscheinung. Die Anima wird zunächst auf die eigene Mutter projiziert, dann auf diejenigen Frauen, die (positiv oder negativ) das Gefühl des Mannes erregen. Der Animus wird zunächst auf den eigenen Vater und die Autoritäten der frühen Kindheit projiziert, die als lebende Nachbilder des lieben Gottes oder als verkannte Neuerer erlebt werden, die meist über einen großen Schatz schwerverständlicher und unbekannter Wörter verfügen. Die Begegnung von Mann und Frau wird wesentlich durch die Anima- bzw. Animusprojektion bestimmt: Der Mann sucht nach einer Frau, die seiner unbewußten Weiblichkeit am besten entspricht; die Frau sucht nach einem Mann, der ihrer unbewußten Männlichkeit am besten entspricht.

Erst wenn der Mensch seine Anima- bzw. Animusprojektion zurücknimmt und das, was er als Macht und Wirklichkeit außerhalb seiner selbst erlebte, als Macht und Wirklichkeit in sich selbst erkennt, erst wenn er das gegensätzliche Wesen intellektuell und gefühlsmäßig integriert, kann er zur seelischen Einheit und Ganzheit gelangen.

Kern der seelischen Einheit und Ganzheit ist *das Selbst,* das die letzte und höchste Stufe der Selbstwerdung darstellt. Es erscheint in Träumen oft als göttliches Kind, gleichsam als die Frucht, die aus der Vereinigung der Gegensätze erwächst. Es erscheint auch als überlegene menschliche Figur, die ebenfalls – je nach der individuellen psychischen Situation – einen positiven oder negativen Aspekt haben kann. Beim Mann hat sie etwa die Gestalt des Einweihenden oder Weisen, bei der Frau die einer mächtigen Göttin oder Priesterin. Die Zeitlosigkeit und Allgegenwart des Selbst wird oft auch durch einen »großen Menschen« symbolisiert, der den ganzen Kosmos umfängt: in der westlichen Welt als Adam, als Menschensohn oder als Christus (= zweiter Adam), in der östlichen Welt als Krischna oder als Buddha. Von ihnen stellt Christus neben Buddha »das am höchsten entwickelte und differenzierte Symbol des Selbst«[105] dar. Vielfach erscheint der »große Mensch« im Zentrum eines viergeteilten Kreises, den Jung mit einem indischen Ausdruck als »Mandala« (Zauberkreis) bezeichnete, weil es – hauptsächlich in Zeiten seelischer Desorientierung – als Zauberkreis die gesetzlosen Mächte der Dunkelwelt bannt und beschwört, weil es als Ordnungssymbol eine Ordnung abbildet oder erzeugt, die das Chaos in einen Kosmos wandelt.

Alle symbolische Gestalten des Selbst sind Bilder für das Geheimnis der Ganzheit des Menschen, Modelle der umfänglicheren Persönlichkeit, der der Mensch nachzuleben versucht. Sie weisen geheimnisvoll auf den unbekannten Sinn der menschlichen Existenz hin. Sie verkörpern das Ziel der Schöpfung.

Das Selbst hat nicht nur einen individuellen, sondern auch einen sozialen und einen religiösen Aspekt. Der *individuelle Aspekt* besteht darin, daß das Selbst, der »große Mensch«, ganz bestimmte, persönliche Aufgaben vom einzelnen Menschen verlangt und ihm dadurch die Kraft gibt, gegen den Strom der Kollektivurteile anzuschwimmen – in einer Zeit, in der die Individualität durch weitverbreitete Konformität bedroht ist.

Der *soziale oder kollektive Aspekt* besteht darin, daß das Selbst auch die menschlichen Beziehungen regelt.[106] Es stellt einerseits eine gewisse Gefühlsverbundenheit mit allen Menschen und andererseits eine genau umrissene Gefühlsverpflichtung zu bestimmten anderen Individuen her. Durch die gemeinsame Verbundenheit durch das Selbst kommt es über alle natürlichen, gesellschaftlichen und organisierten Bindungen hinweg zu neuen Gruppenbildungen.

Der *religiöse Aspekt* besteht darin, daß es bei der Ganzheit des Menschen um sein »Heil« geht, um das Heil-machen der zerbrochenen Gemeinschaft mit Gott, um die Heilung von seiner Entfremdung. Die Symbole des Selbst und die Symbole der Gottheit, bzw. Christi korrespondieren miteinander.[107]

Selbsterfahrung durch die Gruppe

Kann ein einzelner Mensch sich selbst verwirklichen, unabhängig von den Menschen, mit denen er in einer Gemeinschaft zusammenlebt?
Jeder Mensch ist Mitglied einer Gruppe: einer Familie, einer Heim- oder Wohngemeinschaft, einer Altersgruppe, einer Berufs- oder Arbeitsgruppe, einer sozialen, politischen oder religiösen Gruppe, oder einer aus aktuellem Anlaß gebildeten Aktionsgruppe. In der Gruppe erlangt der Mensch Selbsterfahrung und Erfahrung im Umgang mit einzelnen, mit Gruppen und mit Einzelpersonen in der Gruppe. Aber diese Erfahrung bleibt oft unbewußt und unkontrolliert, unreflektiert und unkorrigiert. Häufig ist sie nur eine Erfahrung des Ungenügens und des Scheiterns.
Psychologen berichten, daß immer mehr Menschen zu ihnen kommen, die sich zwar seelisch krank fühlen, ihre Krankheit aber nicht als Ausdruck persönlicher Konflikte verstehen, sondern als Ausdruck gemeinsamer Konflikte mit ihren unmittelbaren Nächsten oder mit der Gesellschaft, in der sie leben. Daraus erwuchs die Einsicht, daß der einzelne nur geheilt werden kann, wenn zugleich die Gemeinschaft geheilt wird. So bildeten sich in jüngster Zeit viele Gruppen, meist kritischer junger Leute, Gruppen, die verkleinerte Modelle unserer Gesellschaft darstellen, in denen modellhaft gemeinsame Kon-

flikte geklärt und ausgetragen werden. Die Gruppe ist für viele Menschen die Hoffnung, sich selbst und andere zu heilen und zu befreien.[108] An die Stelle der individuellen Selbstverwirklichung ist die gemeinsame Selbstverwirklichung getreten.
Solche Gruppen sind »Selbsterfahrungsgruppen«, wie sie in der Fachsprache genannt werden: Unter der Leitung eines erfahrenen Psychotherapeuten oder Seelsorgers wird den einzelnen Gruppenmitgliedern bewußt gemacht, wie sie sich anderen gegenüber verhalten und wie andere sich ihnen gegenüber verhalten.[109] Der einzelne lernt auf diese Weise sich selbst, seine Vorbehalte und Hemmungen, seine Ängste und Aggressionen, seine Fehlhaltungen und Fehlverhaltensweisen, seine Möglichkeiten und Grenzen kennen. Er erfährt dabei schmerzlich, daß er selbst ganz anders ist als das Bild, das er von sich selbst hat, als er sich ein-bildet, zu sein. Das führt nicht selten zu einem Zusammenbruch der Persönlichkeit, denn jeder Mensch braucht ein gewisses Selbstwertgefühl. Wird er in dieser Krise von der Gruppe fallen gelassen, verliert er sich selbst. Da aber alle Gruppenmitglieder ähnliche Erfahrungen durchmachen, kommt es meist zu einer gegenseitigen Solidarisierung. Es entsteht ein Klima der Ehrlichkeit und Aufrichtigkeit. Die Gruppenmitglieder werden frei von dem Krampf, anders scheinen zu wollen, als sie sind. Sie gewinnen den Mut und die Freiheit, sich selbst und anderen ihre Fehler einzugestehen und helfen sich gegenseitig, sie zu korrigieren. Sie sind bereit, Kritik anzuhören und anzunehmen; denn ein Mensch nimmt nur so viel Kritik an, wie ihm Kredit gewährt

wird. Sie halten niemanden mehr für einen »unmöglichen« Menschen, sondern fragen sich, warum es ihnen selbst nicht möglich ist, sich auf andere einzustellen und sie zu verstehen. Sie hören auf, nur vom anderen zu erwarten, er solle sich ändern, sondern fangen bei sich selbst an, dasjenige abzubauen, was sie daran hindert, ihn zu verstehen und anzunehmen. Sie ziehen also erst den Balken aus ihrem Auge, ehe sie darangehen, den Splitter aus dem Auge des andern zu ziehen.[110] Weil sie sich der eigenen Schwierigkeiten bewußt sind, werden sie offener und verständnisvoller für die Schwierigkeiten anderer. Sie gewinnen »Selbsterkenntnis für andere«.[111] In der Fachsprache ausgedrückt: Selbstwahrnehmung befähigt zur Fremdwahrnehmung. Selbsterfahrung ist die Grundlage für die Erfahrung im Umgang mit anderen Menschen.

Daß die Selbsterfahrung in der Gruppe eine religiöse Dimension hat, macht auch die Äußerung eines Theologen und Seelsorgers deutlich, der an einer Selbsterfahrungsgruppe teilnahm. Er sagt, er habe dort zweierlei ganz konkret erfahren.[112] Erstens: Was es heißt, ein Sünder zu sein. Zweitens: Was es heißt, als Sünder gerechtfertigt zu sein. In der Selbsterfahrungsgruppe werde der Pseudo-Glaube abgebaut, der der Stärkung des Abwehrmechanismusses gegen die niederdrückende Erkenntnis, daß man ein Sünder ist, dient. Er verführt den Menschen dazu, seine sittlichen Ideale für die Realität zu halten und kaschiert die Angst vor dem Versagen: Ich bin so, weil ich so sein muß; wäre ich nicht so, müßte ich vergehen. Ich könnte es nicht ertragen, wenn die anderen merken,

daß ich den von mir vertretenen Ansprüchen und Idealen nicht entspreche.
Wenn die anderen es aber merken und man wider Erwarten erfährt, daß sie unsere Angst nicht nur verstehen, sondern auch teilen, daß man dadurch nicht Vertrauen verliert, sondern gerade gewinnt, daß man also nicht fallen gelassen, sondern getragen wird – so erfährt man, was es heißt, als Sünder angenommen und gerechtfertigt zu sein.

Nachdem Selbsterfahrungsgruppen (auch in der Kirche) in Mode gekommen und der großen Nachfrage wegen zu einem lukrativen Geschäft geworden sind, nachdem sie teilweise in höchst zweifelhaften Formen betrieben werden, die geradezu exhibitionistischen Charakter haben, ist es notwendig ein Wort der Kritik zu sagen. Der englische Analytiker James Hillman hatte bereits 1967 gegenüber Geistlichen geäußert: »Der Versuch, die christliche Gemeinschaft durch Gruppenbildungen wiederherzustellen, mißlingt vielleicht – trotz all ihrer Erfolge, die in Frage zu stellen mir nicht zusteht – in Hinsicht auf die Intimität. – Erzwungene Intimität, zum Beispiel in Gruppen, treibt im allgemeinen jene Anteile der Seele, die nur mitgeteilt werden können, wo zwei oder drei, aber nicht eine Menge zusammen sind, zu tieferer Verhüllung.«[113]
Hier liegt auch der Ansatz der »Offensive Junger Christen«, die massive »Kritik an der ›Gruppendynamik‹ in Kirche und Gemeinde« übt: »In der Psychonautik wird vorsätzlich und vorbereitet die Tür ins Innerste der Person emotional eingedrückt. Sie ist

deshalb, nach dem biblischen Verständnis der Person, ein verschleierter Anschlag auf ihre Würde und Freiheit.«[114] Kritisiert wird vor allem, daß im Namen der Selbstverwirklichung bedenkenlos die Übertretung der Gebote Gottes und ein liebloses Verhalten gegenüber dem Nächsten gerechtfertigt werden. Ein Beispiel, daß für viele stehen mag:
Eine verheiratete Frau, die wieder berufstätig wurde, nachdem ihre Kinder »aus dem Gröbsten« heraus waren, lernt beim Gruppentraining einen anderen Mann kennen und lieben. Ermutigt in dem Streben nach Selbstverwirklichung, teilt sie ihrem Mann mit, daß sie ihre Liebe ganz ausleben wolle, weil jeder Mensch ein Recht darauf habe, er selbst zu sein – und verläßt Mann und Kinder.
Wenn das Ergebnis des Gruppentrainings dies ist, daß die Empfindsamkeit für die eigenen Bedürfnisse wächst und zugleich die Empfindsamkeit für die Gefühle und Bedürfnisse der anderen abnimmt, dann ist damit eindeutig jene Selbstliebe gestärkt, die als Egoismus im Widerspruch zur Nächstenliebe und zur Gottesliebe steht.

Luise Rinser hat in ihrem Roman »Bruder Feuer« das Leben des Franz von Assisi in unsere Zeit transponiert, und zwar in der Form, daß sie einen skeptischen Zeitungs-Reporter in seiner nüchternen Sprache berichten läßt, was er vor Ort über diesen Fall recherchiert hat. Eines Tages sucht er einen Anwalt auf, der anläßlich einer gegen Franz erhobenen Klage, ermittelt hatte. Es handelte sich um einen Jugendlichen, der angeblich in der Kommune des Franz

einer Gehirnwäsche unterzogen worden war. Es stellte sich jedoch heraus, daß er in der Kommune eines gewissen Adriano gewesen war. Dieser hatte wohl eine Zeitlang in der Kommune des Franz gelebt, doch hatte dieser ihn fortgeschickt, weil er ihm zu fanatisch war. Darauf gründete Adriano eine eigene Kommune und lehrte die jungen Leute das, was er »Selbstfindung« nannte. Das Wort wirkte wie ein Magnet. Die jungen Leute strömten ihm in hellen Scharen zu. Und sie wurden wie umgekrempelt.
»Aber«, warf der Reporter ein, »die Sache mit der Selbstfindung, die ist doch richtig, oder nicht? So viele junge Menschen leiden darunter, daß sie nicht wissen, wie sie sind und was sie tun sollen. Sind nicht alle auf der Suche danach?«
»Ach was«, sagte der Anwalt, »mit lauter Selbstsuche verlieren sie sich ganz. Franz sagt: ›man findet sich, indem man sich verliert‹.«
»Ein Rätselwort, scheint mir.«
»Es ist nur ein anderes Wort für Liebe.«[115]

Gottesliebe - Nächstenliebe - Selbstliebe

»Ich glaube, daß ein großer Teil der Zermürbung und der Sterilität in unseren Reihen in dem Mangel an ›selbstloser Selbstliebe‹ ihren Grund hat. Da dieser locus in der offiziellen evangelischen Ethik keinen Platz hat, geht man hochmütig und arbeitswütig über ihn hinweg, zum Schaden des Einzelnen und des Ganzen. Er gehört aber zum humanum, zu dem wir erlöst sind.« Dietrich Bonhoeffer

»Der Mensch liebt sich selbst in allen Qualitäten der Liebe. Er bejaht sich in *libido, philia* und *eros*. Keine dieser Formen der Selbstliebe an und für sich ist zu verwerfen. Sie werden nur verwerflich, wenn sie nicht unter dem Kriterium der agape stehen. Ohne dieses Kriterium wird die wahre Selbstliebe zur Selbstsucht. Und Selbstsucht ist immer mit Selbstverachtung und mit Haß gegen sich selbst verbunden. Die Unterscheidung zwischen diesen beiden sich widersprechenden Formen der Selbstliebe ist fundamental für die Ethik.« Paul Tillich

Gottesliebe und Nächstenliebe
Das wichtigste Gebot

Ein Gesetzeskundiger stellte Jesus einmal die Frage, welches das größte Gebot im Gesetz sei und den ersten Rang vor allen anderen einnehme. Dies war insofern eine Fangfrage, als sie den Gefragten in die Versuchung führte, aus den 613 Geboten der Thora eines herauszuheben und damit die übrigen als zweitrangig abzuwerten. Nach jüdischer Lehre waren aber alle Gebote gleicherweise Ausdruck des Willens Gottes. Darum galt: Wer eines von ihnen nicht erfüllt, hat das ganze Gesetz nicht erfüllt.
Jesus läßt sich auf diese verfängliche Frage ein, aber er läßt sich damit nicht fangen. Er antwortet: »Du sollst den Herrn, deinen Gott, lieben mit deinem ganzen Herzen und mit deiner ganzen Seele und mit deinem ganzen Verstand.« Dies ist das größte und wichtigste Gebot. Das andere aber ist dem gleich(wertig): »Du sollst deinen Nächsten lieben wie dich selbst«. In diesen beiden Geboten hängt das ganze Gesetz und die Propheten (Matth. 22, 35–40).
Jesus faßt in dem Doppelgebot zwei Gebote aus dem Alten Testament zusammen, die dem antiken Judentum geläufig waren und in der rabbinischen Tradition wichtige Plätze einnahmen.[1]

Das Gebot der Gottesliebe

Das erste Gebot stammt aus dem 5. Buch Mose Kapitel 6 Vers 5. Es war jedem frommen Juden aus dem Katechismus-Unterricht bekannt und wurde von ihm täglich im Bekenntnis Israels (»Höre, Israel«) gesprochen. Das Gebot der Liebe zu Gott wurzelt in Israels Erfahrung der Liebe Gottes, mit der er sich seinem Volk zugewandt, es erwählt, sich ihm offenbart hat und mit der er trotz aller Sünde Israels und durch alle Strafgerichte hindurch zu ihm hält. Die Liebe zu Gott ist die Erwiderung der Liebe Gottes zu seinem Volk, ist das Verhalten, durch das Israel dem göttlichen Tun entspricht.[2]

Der Ausdruck Gott »lieben« nimmt nur hier (5. Mose 6, 5; 30, 6) im Alten Testament eine zentrale und übergeordnete Stellung ein, sonst ist er anderen Ausdrücken unterschiedslos neben- oder untergeordnet, die auch für sich allein das gebotene Verhalten bezeichnen können, z. B. »anhangen«, »dienen«, »auf seine Stimme hören«, »seine Gebote halten«, »auf seinen Wegen wandeln« u. a. m. Das Verb »lieben« drückt das Moment der den ganzen Menschen in seiner Tiefe ergreifenden Vorbehaltlosigkeit und Ausschließlichkeit aus. Der Zusatz mit der dreifachen Wendung »Herz«, »Seele« und »Verstand« beschreibt die Liebe als eine den Menschen in seiner Ganzheit umfassenden Äußerung, als totale Hingabe.

Das Gebot der Nächstenliebe

Das zweite Gebot findet sich im Alten Testament nur im 3. Buch Mose Kapitel 19 Vers 18b. Es ist ein Einzelgebot unter anderen, also weder die Summe der den Nächsten betreffenden Gebote noch eine zentrale Aussage.

Der *Nächste* ist der »Nachbar«, der »Volksgenosse« und der diesem rechtlich gleichgestellte »Fremdling«

im Lande (3. Mose 19, 34), nie aber der Ausländer. Der Begriff umfaßt also nur die, die gemeinsam auf dem Boden des israelitischen Rechtsverbandes stehen. Eine unterschiedslose, nicht zwischen Erwählten und Nichterwählten unterscheidende Liebe zu allen Menschen steht im Widerspruch zur Grundauffassung des Alten Testaments; denn der gottesfürchtige Fromme kann nicht mit denen volle Gemeinschaft haben wollen, mit denen Gott keine Gemeinschaft hat.

Auch im antiken Judentum begegnet nirgends die Forderung oder der Gedanke der Liebe zum Feind, zum Sünder, zum Heiden. Wohl aber werden in der rabbinischen Auslegung die im 3. Buch Mose (19, 17–18a) ausgesprochenen Verbote des Hasses, der Rache und des Nachtragens verfeinert und verinnerlicht. Das gilt aber nur gegenüber dem persönlichen Feind, nicht aber gegenüber dem Feind des Gottesvolkes, der sich damit zugleich als Feind Gottes erweist. Je entschiedener sich der fromme Jude auf die Seite Gottes stellte, desto mehr wußte er sich von dem Gott-fern-Stehenden und Gottlosen geschieden. Erst Jesus überschreitet die nationalen und religiösen Grenzen des Begriffes. Auf die Frage eines Schriftgelehrten »Wer ist denn mein Nächster?« antwortet Jesus mit dem Gleichnis vom barmherzigen Samariter (Luk. 10, 25 ff.).[3] Zu seinem Verständnis ist wichtig zu wissen, daß Juden und Samaritaner seit der Errichtung eines eigenen samaritanischen Kultzentrums auf dem Berge Garizim in erbitterter Feindschaft lebten.[4] Die Juden sahen die Gottesverehrung der Samaritaner auf dem Garizim als Götzendienst an, bestritten ihnen jeden blutsmäßigen Zusammenhang mit dem Judentum und hielten sie für »unrein«. Alles in allem: Die Samaritaner wurden von den Juden praktisch mit den Heiden auf eine Stufe gestellt; sie gehörten also nicht zu ihren »Nächsten«. Zur Zeit Jesu war der Haß zwischen beiden Volksgruppen in voller Schärfe wiederaufgelebt. Das zeigt folgende Szene: Als Jesus durch Samaria nach Jerusalem zieht, verweigern ihm die Samaritaner Quartier; darauf wollen zwei seiner Jünger Feuer vom Himmel herabrufen, um sie zu vernichten (Lukas 9, 51 ff.). Jesus selbst setzt sich über alle nationalen und religiösen Vorurteile gegenüber den Samaritanern hinweg: Er läßt sich von einer Samaritanerin zu trinken geben (Joh. 4), er heilt einen samaritanischen Aussätzigen (Luk. 17, 16) und verkündigt auch den Samaritanern das Evangelium (Joh. 4, 39 ff.). Im Gleichnis vom barmherzigen Samariter nun stellt er den Juden – was für ein Ärgernis! – einen Samaritaner als Vorbild selbstloser, den Haß überwindender Nächstenliebe vor Augen. Jesu Antwort auf die Frage: »Wer ist mein Nächster?« lautet: Jeder, der meiner Hilfe bedarf – ganz gleich welchem Volk oder welcher Rasse er angehört, ganz gleich was für eine politische oder religiöse Überzeugung er hat. Dabei ist es bezeichnend, daß Jesus die Frage »Wer ist mein Nächster?« umwandelt zu der Frage: »Für wen bin ich der Nächste?« Die Frage wird nicht aus der Sicht dessen gestellt, der sich mehr oder weniger herablassend eines Bedürftigen erbarmt, sondern aus der Sicht des Bedürftigen, der auf Gedeih und Verderb auf seinen Nächsten angewiesen ist.

Was die *Liebe* zum Nächsten angeht, so erweist sich diese im Horizont des Alten Testamentes darin, daß dieser nicht beleidigt, hintergangen, übervorteilt, unterdrückt und in seinem Recht angetastet wird (so 3. Mose 19, 11–18 u. 33–34). Darüber hinaus hat das Wort »lieben« die positive Bedeutung: regen Anteil nehmen, lebhaftes Interesse zeigen, entschlossen (für den Nächsten und seine Belange) eintreten.

Das Judentum bleibt in den vom Alten Testament gezogenen Grenzen, weil es über die Offenbarung des Willens Gottes, wie er in den alttestamentlichen Geboten und Ermahnungen niedergelegt ist, nicht hinausgeht. Es macht weder das Gebot der Nächstenliebe zum zentralen Gebot der Ethik, noch weitet es die Grenzen der Nächstenliebe ins Universale aus. Es legt lediglich das Liebesgebot als Einzelgebot für den täglichen Umgang mit dem konkreten Nächsten aus. »Der Bogen des mit ›Liebe‹ bezeichneten Handelns spannt sich dabei von einem den Partner achtenden, schonenden und für ihn sorgenden Verhalten über die Erfüllung der Pflichten bestehender Verbundenheiten bis zu dem langmütig-vergebenden Ertragen der ›Brüder‹ und der Ungeteiltheit der Zusammengehörigkeit und des Einsatzes für sie.«[5]

Erst durch Jesus wurde die Liebe zum Inbegriff des mitmenschlichen Verhaltens. Im Horizont seiner Person und seiner Verkündigung bekommt sie einen neuen tiefen Sinn (vgl. das Kapitel über Eros und Agape).

Wie dich selbst sollst du seinen Nächsten lieben. Die Übersetzung »er ist wie du« ist grammatisch nicht haltbar. Eher trifft die Umschreibung, der Nächste solle »als der mir Gleiche« geliebt werden, so »wie ich will, daß mir Liebe erwiesen werde« (Buber)[6] den Sachverhalt. Die Wendung ist entsprechend der sog. Goldenen Regel zu verstehen. Sie ist im Judentum negativ formuliert: »Was dir unlieb ist, tue keinem anderen; das ist die ganze Tora, alles übrige ist Erklärung; geh und lerne.« Jesus formuliert sie positiv: »Alles, was ihr wollt, daß euch die Leute tun, tut ebenso ihnen. Darin besteht das Gesetz und die Propheten« (Matth. 7, 12). »Wie dich selbst« gibt also den Maßstab an für das Verhalten gegenüber dem Nächsten: Ich soll so für meinen Nächsten eintreten, so ihm das Seine bewahren, so ihm Recht verschaffen, wie ich es für mich selbst tue.

Auch im Judentum wird das Gebot, den Nächsten zu lieben »wie sich selbst« so ausgelegt: »Es lehrt, daß der Mensch so, wie er auf seine Ehre achtet, auf die Ehre seines Nächsten achte, und daß ebenso, wie ein Mensch wünscht, daß kein schlechter Ruf über seine Ehre ausgehe, er wünsche, daß kein schlechter Ruf über die Ehre seines Nächsten ausgehe« (Rabbi Eliezer). »Es lehrt, daß der Mensch so, wie er auf sein eigenes Vermögen achtet, auch auf das Vermögen seines Nächsten achte, und daß ebenso, wie ein Mensch wünscht, daß kein schlechter Ruf über sein Vermögen ausgehe, so wünsche er, daß kein schlechter Ruf über das Vermögen seines Nächsten ausgehe« (Rabbi Jose).[7]

»Wie dich selbst« – das heißt nicht: mehr als dich selbst. Es ist nicht von der völligen Verleugnung oder Preisgabe des Eigenen zugunsten des anderen die Rede. Für das Recht anderer zu sorgen, kann nur der,

der auch für das eigene Recht sorgt und auf diese Weise überall gleichermaßen das Recht zu hüten und herzustellen sucht.

Erst von der durch Jesus gelebten und verkündigten Liebe her wurde der Gedanke möglich, den Nächsten mehr zu lieben als sich selbst und um des anderen willen das eigene hinzugeben (vgl. das Kapitel über Selbstverleugnung).

In der christlichen Auslegung der Worte »wie dich selbst« gibt es zwei unterschiedliche Auslegungen. Die eine sagt, das Gebot der Nächstenliebe sei so weit davon entfernt, die Selbstliebe in sich zu fassen, daß sie sie im Gegenteil letzten Endes ausschließe; denn indem die Liebe auf den Nächsten gerichtet werde, würde der natürliche Zustand, daß der Mensch sich selbst liebt, was zugleich den Grund für die Verkehrtheit seines Willens sei, überwunden. Diese Auffassung vertritt Martin Luther.[8] Er sagt, mit diesem Gebot sei keineswegs befohlen, daß der Mensch sich selbst lieben solle, denn »lieben heißt, sich selbst hassen«. Vielmehr sei die Selbstliebe eine lasterhafte Liebe (vitiosus amor), die vernichtet werden müsse. Das schließe aber nicht aus, daß die sündige Selbstliebe als Beispiel dafür diene, wie wir unseren Nächsten lieben sollen: »Du sollst deinen Nächsten lieben wie dich selbst, nicht wie du dich selbst lieben sollst; denn wenn es so gemeint wäre, dann wäre es geboten worden. Nun ist es aber so wenig geboten, daß das Gebot (der Nächstenliebe) auf jenes Verbot (der Selbstliebe) gegründet ist, du tust also übel daran, wenn du dich selber liebst. Von diesem Übel wirst du nur dann frei, wenn du in gleicher Weise den

Nächsten liebst, d. h. wenn du aufhörst, dich selber zu lieben.«[9] Luther hat also aus dem Liebesgebot geradezu ein Verbot der Selbstliebe herausgelesen. Der Mensch ist seiner Meinung nach ganz und gar sündig, darum muß alles, was aus ihm selber ist, ausgerissen und vernichtet werden. Oder kann man etwa selbstlose Früchte vom Baum der Selbstliebe lesen?

Die anderen sagen, das Gebot der Nächstenliebe setze als selbstverständlich voraus, daß der Mensch sich selbst liebt, sich selbst bejaht und auf die Erhaltung und Entfaltung seiner selbst bedacht ist; ja die Selbstliebe sei nicht nur Voraussetzung, sondern auch Maß für unsere Liebe zum Nächsten. Diese Auffassung vertritt Augustinus.[10] Er sagt, wenn die Selbstliebe im Liebesgebot nicht direkt befohlen sei, so hätte das seinen Grund nicht darin, daß sie nicht mit Gottes Willen übereinstimme, sondern darin, daß es überflüssig sei, weil der Mensch von Natur dazu getrieben würde, sich selbst zu lieben. Augustinus meint, man könne weder Gott noch seinen Nächsten lieben, ohne sich selbst zu lieben. Darum spielt in seinem Denken die Selbstliebe eine bedeutende Rolle: Gottesliebe (amor Dei) und Selbstliebe (amor sui) gehören für ihn derart zusammen, daß sie miteinander wachsen und abnehmen. Er unterscheidet dabei zwischen der falschen Selbstliebe, die ihre Befriedigung in den zeitlichen und vergänglichen Dingen dieser Welt oder in sich selbst sucht, und der richtigen Selbstliebe, die ihre Befriedigung in Gott sucht und sich selbst in Gott liebt. Diese Liebe steht nicht im Gegensatz zur Gottesliebe und zur

Nächstenliebe; denn wer seine ganze Liebe auf Gott und den Nächsten richtet und sie also von sich selbst abwendet, der liebt sich selbst auf die beste Weise: »Auf eine unerklärliche Weise verhält es sich so, daß, wer sich selbst liebt und nicht Gott, sich selbst nicht liebt; wer aber Gott liebt, und nicht sich selbst, der liebt sich selbst.[11] Mit anderen Worten: »Liebst du deine Seele, so ist Gefahr, daß sie zugrunde geht. Also darfst du sie nicht lieben, da du ja nicht willst, daß sie zugrunde geht. Aber indem du nicht willst, daß sie zugrunde geht, liebst du sie.«[12]
Beide Auslegungen, die sich bis in unsere Zeit durch die Auslegungsgeschichte hindurch verfolgen lassen, haben einen berechtigten Kern. Die erste Auslegung betont einseitig, daß durch die Sünde das Verhältnis des Menschen zu sich selbst entartet ist und daß der Mensch diese seine sündige, verkehrte Art hassen und in sich abtöten soll. Die zweite Auslegung betont einseitig, daß der Mensch, der das sündige Begehren in sich überwunden hat, das richtige Verhältnis – nicht nur zu Gott und seinem Nächsten, sondern auch zu sich selbst findet, d. h. sich wahrhaft liebt. Beide Auslegungen berühren sich in dem Gedanken, daß der Mensch sein sündiges Ich in den Tod geben muß, um sein wahres Selbst zu finden.

Das Doppelgebot

Die Zusammenfassung der beiden alttestamentlichen Gebote zu einem Doppelgebot geht wahrscheinlich auf Jesus selbst zurück, sie läßt sich im Judentum nicht nachweisen. Wohl aber gibt es im Judentum – wenn auch nur gelegentlich – eine Reihe von Doppelgeboten, die in verschiedenen Kombinationen das rechte Verhältnis zu Gott und das rechte Verhältnis zum Nächsten als zwei Seiten derselben Sache zusammenfassen. »Für das ganze Judentum steht fest, daß das rechte Verhalten gegenüber Gott nicht abgesehen und abseits von dem rechten Verhalten gegenüber dem Mitmenschen zu denken ist, ebensowenig wie dieses ohne jenes.«[13] Sie sind aber nur zwei Gebote aus der Tora und nicht die ganze Tora, und ihre Erfüllung entbindet nicht von der Pflicht der Erfüllung aller – auch der kleinsten – Gebote.

Demgegenüber erhebt Jesus das Gebot, Gott und den Nächsten zu »lieben«, zur zentralen Aussage und macht es zum Grundgebot, in dem alle anderen Gebote zusammengefaßt sind und aus dem alles weitere folgt.

Wohl nimmt in dem Doppelgebot die Liebe zu Gott den ersten und die Nächstenliebe den zweiten Platz ein; aber das zweite ist dem ersten »gleichwertig«. Dementsprechend heißt es im Neuen Testament: »Wenn jemand sagt: ›Ich liebe Gott‹ und er haßt seinen Bruder, so ist er ein Lügner« (1. Joh. 4, 20); denn die Liebe zu Gott ist unwahr ohne die Liebe zum Nächsten. Und umgekehrt kann Jesus sagen: »Was ihr getan habt einem unter diesen meinen geringsten Brüdern, das habt ihr mir getan« (Matth. 25, 40); denn in unserem Nächsten lieben wir Christus, und in ihm lieben wir Gott.

Noch in einer anderen Hinsicht ist die Zusammenfassung dieser beiden Gebote bedeutsam. Die zehn Gebote, die Mose empfing, waren auf zwei Tafeln geschrieben.[14] Auf der ersten Tafel standen nach der

Tradition die ersten drei Gebote. Sie sagen, wie wir uns Gott gegenüber verhalten sollen: keine andere Götter neben ihm anbeten, seinen Namen nicht mißbrauchen, ihm den Feiertag weihen. Auf der zweiten Tafel standen die übrigen Gebote. Sie sagen, wie wir uns unserem Nächsten gegenüber verhalten sollen: Vater und Mutter ehren, nicht töten, nicht ehebrechen, nicht stehlen, nicht falsche Aussagen über den Nächsten machen und nicht begehren, was ihm gehört. Nicht zufällig sind alle diese Gebote überwiegend negativ formuliert: »Du sollst nicht!« Sie gehen davon aus, daß der Mensch versucht ist, alles dies zu tun, daß er keine Liebe hat. Darum wehren sie seinem Tun, das nicht aus der Liebe kommt.

Jesus faßt nun in dem Doppelgebot der Gottes- und Nächstenliebe die Gebote der ersten und der zweiten Tafel zusammen, und zwar so, daß er sie positiv formuliert: »Du sollst lieben!« Denn: Wer Gott liebt, erfüllt die Gebote der ersten Tafel, und wer seinen Nächsten liebt, erfüllt die Gebote der zweiten Tafel. Die positive Formulierung der Gebote geht davon aus, daß der Mensch, dem die Liebe Gottes in Christus begegnet, zur Liebe fähig ist.

Damit ist deutlich, warum sich Jesus durch die Fangfrage des Gesetzeskundigen nicht fangen läßt. Er hebt nicht zwei Gebote aus den übrigen heraus und macht damit die anderen zweitrangig, sondern er führt alle Gebote auf die im Doppelgebot enthaltene Grundnorm zurück, mit deren Erfüllung alle anderen Gebote erfüllt sind: »In diesen zwei Geboten hängt das ganze Gesetz und die Propheten.« Wie eine Tür in zwei Angeln hängt und sich um diese Angelpunkte dreht, so hängt das Gesetz in den Angeln dieser beiden Gebote. Sie sind die Angelpunkte, um die sich alles im Gesetz und bei den Propheten »dreht«. Denn: »Die Liebe ist des Gesetzes Erfüllung.«[15] Darum: Wer in der Liebe lebt, ist nicht unter dem Gesetz. Es kann und darf kein Gebot geben, das den Menschen daran hindert, Liebe zu tun.[16] Hier gilt das kühne Wort Augustins: Ama et fac quod vis – Liebe, und tu, was du willst!

Das Doppelgebot Jesu ist im Neuen Testament in allen drei synoptischen Evangelien überliefert, aber jeweils in einem anderen Zusammenhang: Matthäus 22, 35–40; Markus 12, 28–31; Lukas 10, 25–28. An allen drei Stellen ist der Ausgangspunkt eine umstrittene Frage, die ein Schriftgelehrter stellt. Bei Matthäus und Lukas dient sie dazu, Jesus auf die Probe zu stellen. Aber sowohl die gestellte Frage als auch die darauf gegebene Antwort weichen im Wortlaut voneinander ab. An allen drei Stellen wird die ursprüngliche Fragestellung korrigiert.

Die drei Fassungen sind vermutlich nicht voneinander abhängig, sondern geben ein überliefertes Jesus-Wort in verschiedenen Traditionen wieder.[17] Matthäus gibt die galiläische Tradition wieder und zeigt ein lehrhaftes Interesse: »Das Gesetz und die Propheten«. Lukas gibt die Jerusalemer Tradition wieder und zeigt ein praktisches Interesse: »Gehe hin und tue desgleichen.« Markus gibt eine mittlere Tradition wieder, die sich mit den beiden anderen berührt, und zeigt ein anti-kultisches Interesse: »Größer als alle Brandopfer und anderen Opfer.«

Die drei Dimensionen der Liebe
Martin Luther Kings Lieblingspredigt

»Die drei Dimensionen des vollkommenen Lebens« – so hat Martin Luther King eine Predigt überschrieben, die er zu seinem Antritt in der Baptistenkirche in Montgomery/Alabama hielt und später verschiedentlich variiert hat.[18] Coretta, seine Frau, nennt sie »eine seiner Lieblingspredigten«.[19] Als erste Dimension des vollkommenen Lebens bezeichnet er darin die Liebe zu sich selbst, die gesunde Selbsterhaltung und Entfaltung der dem Menschen innewohnenden Möglichkeiten und Kräfte, das Streben nach Selbsterfüllung. Die zweite Dimension ist nach King die Liebe zum Nächsten, die Solidarität mit ihm und das tätige Dasein für ihn. Die dritte Dimension ist die Liebe zu Gott, zu dem Gott, der in Jesus Christus zu finden ist und der durch seinen Geist unser Sein ändern kann.
Wie Länge, Breite und Höhe die drei Dimensionen des Raumes bilden, so bilden Selbstliebe, Nächstenliebe und Gottesliebe die drei Dimensionen des menschlichen Lebens. Das Leben eines Menschen, der nur auf die Erhaltung und Entfaltung seiner selbst bedacht ist, bleibt »eindimensional« und wird selbstsüchtig. Das Leben eines Menschen, der nur die Liebe zu sich selbst und die Liebe zu seinem Nächsten kennt, hat keine Tiefe. Erst das Leben eines Menschen, der auf Gott, die unendliche Tiefe und den unerschöpflichen Grund alles Seins, ausgerichtet ist, verwirklicht sich in seiner Fülle und Ganzheit.

Man kann die Gedanken Martin Luther Kings noch weiterführen. Wenn Selbstliebe, Nächstenliebe und Gottesliebe als verschiedene Dimensionen des menschlichen Lebens bezeichnet werden, so heißt das nicht nur, daß sie sich gegenseitig ergänzen, sondern auch daß sie unlöslich miteinander zusammenhängen und aufeinander bezogen sind. Der innere Zusammenhang von Selbstliebe, Nächstenliebe und Gottesliebe kommt in der Bibel auf vielfältige Weise zum Ausdruck. Wird eine der drei Dimensionen der Liebe gestört, so werden auch die anderen davon betroffen: Ein gestörtes Verhältnis zum Mitmenschen verrät fast immer ein gestörtes Verhältnis zu sich selbst. Wir verurteilen im andern, was wir in uns selber nicht annehmen. Darum heißt es: »Worin du den andern richtest, verurteilst du dich selbst« (Matth. 7, 1; Röm. 2, 1; 2. Sam. 12). Wir müssen uns selbst annehmen und lieben, ehe wir unseren Nächsten annehmen und lieben können. Aber können wir uns selbst annehmen und lieben, ohne uns von Gott angenommen und geliebt zu wissen? Erst die Gewißheit, von Gott angenommen und geliebt zu sein, macht uns bereit und fähig, unseren Nächsten anzunehmen und zu lieben. Darum heißt es: »Nehmt einander an, so wie Christus uns angenommen hat« (Röm. 15, 7); »Liebt einander, so wie Christus uns geliebt hat« (Eph. 5, 2. 25). Andererseits erweist sich nach christlichem Verständnis die Liebe zu Gott in der Liebe zum Nächsten: »Was ihr getan habt einem unter diesen meinen geringsten Brüdern, das habt ihr mir getan«. Und: »Was ihr nicht getan habt einem unter diesen Geringsten, das habt ihr mir auch nicht getan«.[20] Wo die Nächstenliebe nicht Ausdruck der Gottesliebe ist, da gerät sie in die Gefahr, den Nächsten zum Gegenstand sozialer Betreuung zu machen. – Kann man Gott finden, ohne sich selbst zu finden? Kann man sich selber finden, ohne Gott zu finden? Ist nicht die Suche nach Gott immer zugleich die Suche nach sich selbst, nach seinem wahren, tiefsten Wesen?

Es ist deutlich: Selbstliebe, Nächstenliebe und Gottesliebe hängen unlöslich miteinander zusammen. Nur wo alle drei Dimensionen gleicherweise und gleichermaßen gelebt und verwirklicht werden, ist vollkommenes Leben. Und, so sagt Martin Luther King: »Nur wenn wir diese Vollkommenheit verwirklichen, können wir wahre Kinder Gottes sein.«[21]

Er kam zu sich selbst
Das Gleichnis vom verlorenen Sohn

Das wohl bekannteste Gleichnis, das Jesus erzählt hat, ist das Gleichnis vom verlorenen Sohn.[22] Ihm liegt eine Geschichte aus dem Leben zugrunde:
Ein Gutsbesitzer hatte zwei Söhne. Der jüngere von ihnen sagte eines Tages: »Gib mir, Vater, den Anteil deines Vermögens, der mir als Erbe zusteht.« Da teilte der Vater seinen Besitz unter seine Söhne und fand den jüngeren ab. Der machte seinen ganzen Anteil zu Geld und wanderte aus in ein fernes Land. Dort warf er mit Geld nur so um sich und führte ein Leben in Saus und Braus. Als er alles vertan hatte, kam eine schwere Hungersnot über das Land, und er geriet in Not. Da ging er hin und hängte sich an einen Bürger des Landes. Der schickte ihn auf seine Felder, die Schweine zu hüten. Am liebsten hätte er sich den Bauch vollgeschlagen mit den Johannisbrotschoten, mit denen die Schweine gefüttert wurden – aber niemand gab ihm etwas ...
Die entscheidende Wende im Leben des verlorenen Sohnes ist im Gleichnis durch den Satz markiert: »Da schlug er in sich.« Nachdem er bis dahin nur nach außen hin gelebt hatte und nur auf die äußeren Dinge des Lebens gerichtet gewesen war, auf Reichtum, Abenteuer und Lustgewinn, schlägt nun, da seine äußere Lage durch Armut, Abhängigkeit und Verzweiflung bestimmt ist, seine Haltung ins Gegenteil um: er richtet sich nach innen. Er erinnert

sich: »Wie viele Tagelöhner meines Vaters haben Brot im Überfluß, ich aber komme hier um vor Hunger!« Damit beginnt jener seelische Prozeß, den die Psychologen »Innenverarbeitung« von Erlebnissen nennen oder »Erinnerungsarbeit« oder – sofern die Erinnerungsarbeit angesichts von Schuld, Trauer und Scham mit Schmerzen verbunden ist – »Trauerarbeit«.[23] Solange die seelische Energie nur nach außen gerichtet ist, ist der Mensch unfähig, das, was er erlebt, innerlich zu verarbeiten, ist er unfähig, Schuld und Reue zu empfinden, ist er unfähig zu trauern. Solange er die Vergangenheit einfach verleugnet, verdrängt und entwirklicht, wird er in seiner seelischen Entwicklung und Reifung gehemmt, in seinen mitmenschlichen Beziehungen gestört und in seiner schöpferischen Fähigkeit gehindert. Wenn er sich aber erinnert, stellt er sich der Vergangenheit, erkennt er seine Schuld und findet damit wieder eine Beziehung zur Realität. Dies äußert sich in den Worten des verlorenen Sohnes: »Vater, ich habe gesündigt gegen den Himmel und vor dir.« Doch er klagt nicht andere an und verliert sich nicht in fruchtloser Selbstanklage, sondern zieht kühl und nüchtern die Konsequenzen aus seiner Lage: »Ich will mich aufmachen und zu meinem Vater gehen.« Aber er weiß, daß er nach seiner Abfindung keinerlei Anspruch an seinen Vater hat, daß er sein Sohnesrecht verwirkt hat: »Ich bin nicht mehr wert, dein Sohn genannt zu werden. Halte mich wie einen deiner Tagelöhner.« So folgt der Umkehr von außen nach innen die Umkehr auf dem Weg vom Vater weg zum Vater zurück.

Der Satz »Da schlug er in sich« heißt wörtlich übersetzt: »Da kam er zu sich selbst.« Er begegnet sich selbst, er konfrontiert sich mit sich selbst, er tritt zu sich selbst in Beziehung. Der Umgang mit sich selbst äußert sich in einem Selbstgespräch. Dieses Selbstgespräch entspricht dem »inneren Monolog« des klassischen Dramas, in dem ein innerer Konflikt ausgesprochen und ausgetragen wird, etwa der Konflikt zwischen Pflicht und Neigung, Nächstenliebe und Selbstliebe, Gesetz und Freiheit. Im Laufe dieses inneren Monologs vollzieht sich ein Prozeß der Klärung und der Bewußtseinsveränderung, der schließlich in eine Entscheidung einmündet. So auch beim verlorenen Sohn: »Ich will mich aufmachen und zu meinem Vater gehen.« Und er machte sich auf ...

Die Fähigkeit, sich selbst gegenüberzutreten und mit sich selbst zu sprechen, setzt eine Herauslösung aus dem unbewußten, naturhaften Dasein voraus. Dies unterscheidet den Menschen von allen übrigen Lebewesen: »Nur der Mensch geht mit sich selber um, hat Abstand von sich selber und kann sich selber reflektieren.«[24] Er hat als einziges Wesen die Fähigkeit, sich selber durch die Sprache auszudrücken, das eigene Ich im Umgang mit sich selbst zu stärken und bewußt zu machen, Selbsterkenntnis und Reichtum des Selbst zu gewinnen. Wo das Gespräch des Menschen mit sich selbst nicht geführt wird oder verstummt, droht das Ich zwischen den überkommenen Wertvorstellungen (Über-Ich) und den Triebkräften (Es) erdrückt zu werden.

Die Rückkehr des verlorenen Sohnes zu sich selbst – die lateinische Übertragung heißt wörtlich: Da kehr-

Albrecht Dürer: Der verlorene Sohn

te er zu sich selbst zurück – geht seiner Rückkehr zum Vater voraus. Weil der Verlorene sich selber fand, konnte er wiedergefunden werden.

Albrecht Dürer hat auf einem Kupferstich (um 1498) den Augenblick der Umkehr des verlorenen Sohnes dargestellt.[25] Er kniet vor einem Trog, um den sich eine freßlustige Herde von Schweinen drängt. Im Schnittpunkt der Diagonalen des Bildes, und darum besonders hervorgehoben, sind die betenden Hände des Knienden. Für Dürer war also das In-sich-gehen und Zu-sich-selbst-kommen ein Gebet. Daß der verlorene Sohn seine Lage unter den Augen Gottes überdacht hat, geht aus seiner Selbstbesinnung eindeutig hervor. Er erkennt, daß er nicht nur gegen seinen Vater, sondern auch »gegen den Himmel« – der Ausdruck umschreibt nach jüdischer Weise den Gottesnamen – gesündigt hat. Gewiß ist ein Gebet mehr als ein Selbstgespräch unter den Augen Gottes, aber besteht nicht ein Zusammenhang zwischen beiden? Gibt es eine Umkehr zu Gott ohne Selbstbesinnung und Selbsterkenntnis? Kann ein Mensch einem Du begegnen, ohne zu einem Ich geworden zu sein? Kann ein Mensch, der nicht zu sich selbst gekommen ist, zu Gott kommen? Vollzieht sich nicht das eine im andern? Ernesto Cardenal sagt: »Wenn wir uns selbst finden, uns auf uns selbst konzentrieren, dann tun wir nichts anderes als uns in die Arme Gottes zu werfen. – Wir müssen auf den Grund unseres eigenen Ichs steigen, um unsere wirkliche Identität zu finden, die Gott ist.«[26]

Es gibt allerdings eine Art des Betens, in der der Mensch bei sich selbst bleibt. Da ist Gott kein wirkliches lebendiges Gegenüber, sondern ein stummer Statist, der zur Selbstbestätigung und Selbstrechtfertigung benötigt wird. Das biblische Beispiel dafür ist das Gebet des Pharisäers: »Ich danke dir, Gott, daß ich nicht bin wie die andern Leute, Räuber, Ungerechte, Ehebrecher oder auch wie dieser Zöllner. Ich faste zweimal in der Woche (einmal ist nur vorgeschrieben) und gebe den Zehnten von allem, was ich einnehme (nicht nur wie vorgeschrieben von bestimmten Einkünften).«[27] Dieses Gebet ist eine einzige Selbstbespiegelung. Es kommt nicht zur Begegnung mit Gott, weil er sich nicht in vorbehaltloser Offenheit Gott stellt und nicht offen und bereit ist, auf ihn zu hören. Darum wird sein Gebet verworfen.

Der Haltung des Pharisäers entspricht die Haltung des älteren Bruders im Gleichnis vom verlorenen Sohn: Ich danke dir, Gott, daß ich nicht bin wie mein jüngerer Bruder. Ich bin im Hause meines Vaters geblieben; ich habe ihm treu gedient und nie sein Gebot übertreten. Ich bin immer anständig geblieben und habe nicht mein Erbe mit Dirnen durchgebracht. – Diese Selbstgerechtigkeit ist es, die ihn statt mit Freude mit Zorn erfüllt, als er von der Rückkehr seines Bruders erfährt. Er empfindet Zorn gegen seinen Vater, der für den Sohn, der verloren war und wiedergefunden wurde, ein Freudenfest feiern läßt, und er empfindet Zorn gegen seinen Bruder, der seiner Meinung nach einen solchen Empfang nicht verdient hat. Die Selbstgerechtigkeit verschließt sich der Mitfreude über die Heimkehr des verlorenen Sohnes. Sie haßt die Gnade, weil sie alles eigene Verdienst und alle eigene Würdigkeit zunichte macht. Im Gegensatz zu dem Gebet des Pharisäers, das selbstgefällig um die eigenen guten Werke kreist, steht das Gebet des Zöllners, das aus dem Bewußtsein der eigenen Schuld allein auf die Gnade Gottes gerichtet ist: »Gott, sei mir Sünder gnädig!« Und während der Selbstgerechte ungerechtfertigt bleibt, geht der Sünder gerechtfertigt heim. Dem Gebet des Zöllners entsprechen die Worte des verlorenen Sohnes: »Vater, ich habe gesündigt ... Ich bin nicht mehr wert ...« Er bleibt nicht bei sich selbst, sondern er geht aus sich heraus und gibt sich dem irdischen wie dem himmlischen Vater auf Gnade und Ungnade in die Hände. Weil er zu sich selbst gekommen war, kann er sich selbst hingeben. Jedes wirkliche Gebet ist Ausdruck der Selbsthingabe des Menschen an Gott und darum dem Opfer verwandt.[28] Der Beter gibt sich im Gebet Gott ganz hin und empfängt sich aus ihm ganz neu. Mysterium von Tod und Auferstehung: »Dieser mein Sohn war tot und ist wieder zum Leben gekommen.« Wiedergeburt in die Sohnschaft.

Aber der Sohn, der verloren war und wiedergefunden wurde, ist nicht die beherrschende Figur der Geschichte; deshalb ist die traditionelle Überschrift »Der verlorene Sohn« nicht zutreffend. Auch die Überschrift »Die verlorenen Söhne« (Bultmann) trifft nicht den entscheidenden Punkt. Die beherrschende Figur, durch die beide Teile der Geschichte verklammert werden, ist der Vater; darum kann die Überschrift nur heißen: »Die Liebe des Vaters« (J. Jeremias). Dies ist auch der Vergleichspunkt, der die erzählte Geschichte zum Gleichnis erhebt: So wie der Vater in seiner Liebe sich seinen beiden Söhnen gegenüber verhält, so verhält sich Gott gegenüber dem sündigen und dem selbstgerechten Menschen.

Es ist nicht unwesentlich, daß die Beziehung Gottes zu den Menschen in der menschlichen Beziehung des Vaters zu seinen Söhnen dargestellt wird. Das ist keine allegorische Redeweise, die äußere Lebensvorgänge benutzt, aber Vorgänge ganz anderer Art meint – wie es beispielsweise die Fabel tut, wenn sie von Tieren erzählt, aber Menschen dabei im Sinn hat. Das Gleichnis leitet dazu an, in irdischer Wirklichkeit das Geheimnis der göttlichen Wirklichkeit anzuschauen und dies Geheimnis im irdischen Bereich zu bezeugen und zu gestalten.[29] Wenn – nach einem Wort Pestalozzis – Gott für die Menschen nur durch Menschen ein Gott der Menschen ist, kann man dann anders als in der Beziehung zu Menschen eine Beziehung zu Gott haben? Insofern ist die Frage berechtigt, ob in einer »vaterlosen Gesellschaft« Gott noch als »Vater« erlebt und erfahren werden kann.[30] – Nicht, daß die mitmenschliche Beziehung und die Beziehung zu Gott miteinander identisch sind – dann könnte man nicht von einem Gleichnis sprechen; sondern in der mitmenschlichen Beziehung wird die Beziehung zu Gott, der Tiefe des Lebens und dem Grund alles Seins, erfahren.

Gerade an diesem Gleichnis wird der innere Zusammenhang von Selbstliebe, Nächstenliebe und Gottesliebe deutlich. Zunächst stellt es die zwei Dimensionen des menschlichen Tuns klar heraus. Der verlorene Sohn sagt: »Vater, ich habe gesündigt gegen

Gott und gegen dich.« Alle Schuld gegen einen konkreten Menschen ist immer zugleich Schuld gegen Gott, gegen den Grund und Sinn alles Seins. Die Schuld besteht in dem, was wir unserem Nächsten und Gott schuldig bleiben: Liebe. Darum bedarf der Mensch, um den zerstörten Frieden wiederherzustellen, der Vergebung des Menschen, an dem er schuldig wurde, und der Vergebung Gottes, an dessen Gebot er sich versündigt hat. So gewiß das zweierlei ist, so gewiß vollzieht sich das eine im andern. Indem der Schuldige von dem Menschen, an dem er schuldig wurde, Vergebung empfängt, erfährt er Vergebung von Gott.

Im Gleichnis wird dem verlorenen Sohn die Vergebung nicht in Worten zugesprochen, sondern sie wird in dem Verhalten des Vaters Wirklichkeit. Sie besteht darin, daß der Vater ihn annimmt so wie er ist und in seine Liebe aufnimmt: Er läuft ihm entgegen (ein für einen betagten Orientalen ganz ungewöhnliches Verhalten, es ist unter seiner Würde); er nimmt ihn in seine Arme und küßt ihn, er setzt ihn wieder in seine Sohnesrechte ein, indem er ihn mit dem besten Gewand, mit einem Siegelring und mit Schuhen begabt, und feiert ihm zu Ehren ein Freudenmahl. *In der Annahme durch den Vater vollzieht sich die Annahme durch Gott.*

Ein Ausleger knüpft an das Gleichnis folgende Überlegung an: Gesetzt den Fall, der von seinem Vater wieder in seine Rechte eingesetzte Sohn hätte sich selbst nicht vergeben können, was er getan hat, er hätte sich selbst nicht annehmen können als der, der er ist, ja, er hätte bei sich gedacht: Mag sein, daß Gott mir vergeben hat, aber ich kann mir selbst nicht vergeben. Mag sein, daß Gott mich annimmt, wie mein Vater mich angenommen hat, aber ich kann mich selbst nicht annehmen. Diese Überlegung macht deutlich: »Dazu, daß ein Mensch wirklich angenommen wird, gehört unerläßlich hinzu: er muß sich selber annehmen. Man kann die Gnade als Gnade Gottes nur annehmen, indem man sich selbst annimmt.«[31] Erst wo ich mich selbst annehme, wird die Gnade und Vergebung Gottes für mich Wirklichkeit, nicht einen Augenblick früher. *In der Selbstannahme vollzieht sich die Annahme durch Gott.*

Hier liegt auch die Antwort auf die Frage: Was ist, wenn nun Menschen als Mittler solch einer Annahme nicht zur Stelle sind oder versagen? Es gibt als extreme Möglichkeit eine Selbstannahme, in der das geschieht, was mit der Annahme durch Gott gemeint ist, im Gegensatz zu den Stimmen der versagenden Mitmenschen. Es ist dies der Weg einer »getrosten Verzweiflung«.

Ob ein Mensch wirklich Vergebung erfahren hat, zeigt sich daran, daß er bereit und fähig ist, seinem Mitmenschen zu vergeben. Ist er es nicht, ist die Vergebung keine Wirk-lichkeit für ihn, ver-wirkt er die empfangene Vergebung.[32] Das macht das Gleichnis vom unbarmherzigen Knecht deutlich, dem seine unermeßliche Schuld erlassen wurde, der aber nicht bereit war, seinem Mitknecht dessen geringfügige Schuld zu erlassen und darum dem Strafvollzug übergeben wurde. Darum verknüpft Jesus im Vaterunser die Bitte um Gottes Vergebung mit der Versicherung der Vergebungsbereitschaft gegenüber dem Nächsten: »Erlaß uns unsere Schulden, wie auch wir sie unseren Schuldnern erlassen haben.«[33] *In der Annahme des Bruders vollzieht sich die Annahme durch Gott.*

Im Gleichnis vom verlorenen Sohn wird dieser Zusammenhang in der Gestalt des älteren, zu Hause gebliebenen Bruders deutlich. Er hatte seinem Vater viele Jahre treu gedient und war ihm allezeit gehorsam gewesen, aber sein Vater hatte für ihn nie einen Bock geschlachtet, damit er mit seinen Freunden feiern könnte. Darum zürnt er. Darum will er seinen Bruder nicht sehen. Darum versagt er seinem Vater die Mitfreude. Im Namen der Moral und Wohlanständigkeit, die sich entrüstet über den Bruder, der seines Vaters Vermögen mit Dirnen verpraßte, verweigert er ihm seine Liebe und Vergebung. Bitter brechen Vorwurf und Enttäuschung aus ihm heraus, als der Vater ihn bittet, am Fest teilzunehmen. In seinem Verhalten kommt zutage, was bis dahin verborgen geblieben war: Er hatte es sich als Verdienst angerechnet, zu Hause geblieben zu sein und dem Vater gedient zu haben. Er hatte insgeheim dafür den verdienten Lohn erwartet. Und er war nicht bereit, den Anspruch aufzugeben, den er sich durch sein Wohlverhalten erworben zu haben glaubte. Weil er meinte, der Vergebung nicht zu bedürfen, war er nicht zum Vergeben bereit. Es ist seine pharisäische Selbstgerechtigkeit, die dem Bruder nicht verzeihen kann, was er tat, und dem Vater nicht verzeihen kann, daß er ihm vergab. Er ist darum in Wahrheit der verlorene Sohn, dessen Umkehr und Heimkehr in die Liebe des Vaters noch aussteht.

Die innere Beziehung zwischen dem Verhalten des Menschen sich selbst, seinem Nächsten und Gott gegenüber, wie sie im Gleichnis vom verlorenen Sohn zum Ausdruck kommt, kann in drei Sätzen zusammengefaßt werden:
Die Annahme des verlorenen Sohnes durch Gott vollzieht sich in der Annahme durch den Vater.
Die Annahme des verlorenen Sohnes durch Gott vollzieht sich in der Selbstannahme.
Die Annahme des verlorenen Sohnes durch Gott vollzieht sich in der Annahme des Bruders.

Das Gleichnis vom verlorenen Sohn läßt sich in folgender Weise auf den Weg des abendländischen Menschen deuten:
Der Fortgang des Sohnes vom Vater entspricht dem »Fortschritt« des einseitig extravertierten Menschen vom Ursprung und von der Mitte des Lebens. Ganz auf immer mehr Wachstum, Wohlstand und soziale Sicherheit gerichtet, hat er sich mit Hilfe von Wissenschaft und Technik die Erde untertan gemacht. Aber nun ist er auf diesem Weg an einen Punkt angelangt, an dem eben dieser Fortschritt die Grundlagen seines Lebens gefährdet und zerstört. Er sieht keine Zukunft mehr vor sich. In seiner Notlage geht er in sich, seine vorwiegend extravertierte Haltung schlägt um in eine introvertierte Haltung – nicht in der Weise, daß er von einem Extrem ins andere fällt, sondern so, daß er erkennt, daß seine einseitig auf Weltbeherrschung gerichtete Haltung der Korrektur durch eine auf Selbstbeherrschung gerichtete Haltung bedarf.

Es gibt viele Wege, die durch Einüben der Sammlung, des Schweigens, der Meditation zur Introversion führen. Einer dieser Wege ist die christliche Zen-Meditation, die im Kern in einer Versenkung in die Tiefe des eigenen Seins besteht, auf dessen Grund sich das Tor zum absoluten Sein öffnet. Willi Massa bezeichnet sie als »eine Weise der Ich-Findung, der Du-Findung und der Gott-Findung«.[34]

Ich-Findung, das heißt nicht genüßliches Kreisen des Ichs um sich selbst, heißt nicht Flucht nach Innen aus Unfähigkeit, den Schwierigkeiten des Alltags standzuhalten und seine Aufgaben zu bewältigen, heißt nicht Regression. Es heißt vielmehr: Überwindung der Selbst-Entfremdung, durch Auflösung einer falschen Identität und Entdeckung einer neuen Identität im Einswerden mit Christus: »Ich lebe, doch nicht mehr ich, sondern Christus lebt in mir« (Gal. 2, 20). Daraus ergibt sich die Aufgabe, das neugefundene Selbst in dieser Weltwirklichkeit Gestalt werden zu lassen: »Verherrlicht Gott in eurem Leibe« (1. Kor. 6, 20). Die Selbstfindung ist die »Basis einer neuen und tieferen Du-Beziehung«.

Du-Findung. Das Erkennen der Person des anderen hängt ab vom Grad der inneren Nähe zu mir selbst, vom Grad der eigenen Identität mit meinem Personsein. Zum andern wird die Fremdheit gegenüber dem anderen überwunden durch gemeinsames Aufsuchen des Grundes, in dem alle wurzeln. Die aus dem Innewerden des gemeinsamen Grundes erwachsende Zuwendung zum anderen ist nicht mehr soziales oder caritatives Wohlwollen, das den anderen zum Objekt meiner Hilfe degradiert.

Gott-Findung. Wo der Mensch zu seinem eigenen Sein gekommen ist, entdeckt er in seinem eigenen Grund die ewige Sehnsucht nach der Heimat (Vaterhaus). Die Heimkehr kann aber nicht anders geschehen als im Durchschreiten des Todes, das heißt im Zerbrechen einer selbstbezogenen, welthaften Existenz, aus der die Fähigkeit, lieben zu können, erwächst. Das Zu-sich-kommen ist darum nicht ein selbstsüchtiges Bemühen, eine Art Selbsterlösung, sondern das geduldige Warten und Sich-bereiten darauf, daß der Mensch aufgenommen werde in den lebendigen Grund. Augustin sagt: »Kehren wir zum Herzen zurück, um ihn (Gott) dort zu finden, denn er ist mir innerlicher als mein eigenes Innere.«[35]

Begehrende und schenkende Liebe (Eros und Agape)

Die Frage nach dem Verhältnis von Selbstliebe und Selbstlosigkeit stellt sich auch als die Frage nach dem Verhältnis von Erosliebe und Agapeliebe. »Eros« ist das griechische Wort für Liebe, das Plato, Aristoteles und die Neuplatoniker gebrauchen. »Agape« ist das griechische Wort für Liebe, das das Neue Testament gebraucht – mit Bedacht das Wort »Eros« meidend, weil Liebe hier einen dem klassischen Griechisch entgegengesetzten Sinn hat.

Es geht dabei nicht um den Gegensatz von gewöhnlicher, irdischer, sinnlicher Liebe zu einer besonderen, himmlischen, übersinnlichen Liebe; denn nach Plato ist die Erosliebe zwar im Sinnlichen verwurzelt, sie will sich aber gerade vom Nur-Sinnlichen befreien, indem sie sich von der sinnlichen, vergänglichen Erscheinung abwendet und der übersinnlichen, ewigen Idee des Guten, Wahren und Schönen zuwendet. Dieser »himmlische Eros« ist die reale Kraft, die die Seele nach oben in die Richtung der Ideenwelt zieht, die Sehnsucht nach Teilhabe am göttlichen Leben. Nur wenn man den platonischen Eros in diesem seinem besten und höchsten Sinne würdigt, kommt der wahre Gegensatz von Eros und Agape in den Blick.

Erosliebe ist ihrem tiefsten Wesen nach begehrende Liebe. Sie sucht – auch wenn sie sich auf den Mitmenschen und auf Gott richtet – letztlich das Ihre; denn sie benutzt sie als Mittel für den eigenen Aufstieg, als Sprungbrett zum Höheren. Sie ist prinzipiell Selbstliebe, eine sublimierte Form der Selbstbehauptung. Sie ist egozentrische Liebe.

Agape dagegen ist nicht die Liebe, durch die der Mensch zum Göttlichen aufsteigt, sondern die Liebe, durch die Gott zum Menschen herabsteigt: »Gott ist Liebe (Agape), und wer in der Liebe bleibt, der bleibt in Gott und Gott in ihm.«[36] Alle Liebe, die den Namen Agape zu Recht trägt, ist Ausfluß der göttlichen Liebe. Sie hat ihren Ursprung in der Liebe Gottes zum Menschen, nicht aber in der Liebe des Menschen zu sich selbst. Sie ist ihrem tiefsten Wesen nach schenkende Liebe; sie gibt die empfangene Liebe weiter. Sie sucht nicht das Ihre, weil sie das Ihre gefunden hat. Sie besteht nicht in der Selbstbehauptung, sondern in der Selbstverleugnung und Selbsthingabe. Sie ist nicht egozentrische, sondern theozentrische Liebe.

In welchem Verhältnis stehen nun Erosliebe und Agapeliebe zueinander? Anders Nygren vertritt in seinem grundlegenden Werk[37] die Auffassung, daß sie nichts miteinander zu schaffen hätten, daß keine Beziehung zwischen ihnen bestünde, ja daß ein »Abgrund« zwischen ihnen läge, der keinen unmittelbaren Übergang zuläßt. Es handelt sich seiner Meinung nach um zwei konkurrierende Grundmotive und Lebenseinstellungen, die im Kampf auf Leben und Tod miteinander liegen. Zwar sei immer wieder eine Synthese zwischen beiden versucht worden, doch sei das ein Verrat an der Agapeliebe und trüge

von Anfang an seine eigene Auflösung in sich. Die Geschichte des christlichen Liebesgedankens sieht er als einen dauernden Wechsel zwischen einer Synthese und deren Auflösung durch Reformation.
Auf dem Hintergrund dieser strikten Gegensätzlichkeit von Eros- und Agapeliebe ist Nygrens Einstellung zur Selbstliebe zu verstehen. Selbstliebe ist für ihn die Grundform aller vom Eros geprägten Liebe und steht im direkten Gegensatz zu aller von der Agape geprägten Liebe; denn die Agape schließt »alles, was Selbstliebe heißt, grundsätzlich aus«.[38] Es gibt für ihn neben der Gottes- und der Nächstenliebe nicht die Selbstliebe als dritte Form der christlichen Liebe; denn sie steht seiner Auffassung nach im Gegensatz zur Gottes- und Nächstenliebe. Er lehnt auch die Unterscheidung von falscher und berechtigter Selbstliebe ab; denn für ihn gibt es keine legitime Form der Selbstliebe. Selbstliebe ist für ihn der »große Gegner« der christlichen Liebe, der bekämpft und überwunden werden muß. Wo der Selbstliebe ein Platz eingeräumt wird, da ist ein widerspruchsvoller Kompromiß zwischen Eros- und Agapeliebe geschlossen, da ist Agape in Eros untergegangen.
Karl Barth[39] konnte sich mit der Feststellung des Gegensatzes von Eros- und Agapeliebe nicht zufrieden geben, zumal »es bestimmt keinen Christen gibt, der nicht – der ihm erlaubten und gebotenen christlichen Liebe ungeachtet – in feinerer oder massiverer Form (und wahrscheinlich in beiden) auch nach Maßgabe dieser ganz anderen Liebe ›liebt‹«.[40] Barth sieht in der Tatsache, daß wir zur Bezeichnung von Eros und Agape nur das eine Wort »Liebe« ha-

ben, einen »beachtlichen Hinweis darauf, daß es geboten sein möchte, darüber nachzudenken, welches die eine Eigenschaft sein möchte, die beide miteinander gemeinsam haben, und damit eben nach dem Ort und Sinn zu fragen, in welchem sie sich unterscheiden«.[41] Der gemeinsame Ausgangspunkt besteht für ihn darin, daß sie beide auf die von Gott gesetzte und geordnete menschliche Natur bezogen sind: die Erosliebe im Widerspruch zu ihr, die Agapeliebe in Entsprechung zu ihr. Weil beide dort ihren Ausgangspunkt haben, wird es nach Barth dabei bleiben, »daß sich der Mensch zwischen Eros und Agape nur eben – entscheiden kann«.[42] Das Nebeneinander beider im christlichen Menschen kann nur eine fortwährende Auseinandersetzung sein, – »jeder Moment des Stillstandes dieser Auseinandersetzung wäre ein dezidiert unchristlicher Moment«[43] –, eine immer wieder zu vollziehende »Umkehr« von der Erosliebe zur Agapeliebe.

Aber geht es wirklich um die Entscheidung zwischen Eros- und Agapeliebe, um die Umkehr von der einen zur anderen? Kann sich überhaupt der Mensch frei entscheiden, ob er auf diese oder jene Weise lieben will? – Ich stimme Emil Brunner zu, wenn er sagt: »Nicht zwischen Eros und Liebe (Agape) haben wir zu entscheiden; der Gott, der uns das Leben gegeben hat, hat uns auch den Eros gegeben. Sondern die Entscheidung findet statt zwischen dem lieblosen, verantwortungslosen, gemeinschaftslosen Eros, der selbst der Sinn des Lebens sein will, auf der einen Seite und einem Eros, der wie alles Leben dem göttlichen Liebeswillen untergeordnet und von ihm be-

herrscht (und geheiligt) ist.«[44]
In demselben Sinne hat Dietrich Bonhoeffer das Verhältnis von Agape- und Erosliebe gesehen: »Gott und seine Ewigkeit will von ganzem Herzen geliebt sein, nicht so, daß darunter irdische Liebe beeinträchtigt oder geschwächt würde, aber gewissermaßen als cantus firmus, zu dem die anderen Stimmen des Lebens als Kontrapunkte erklingen; eines dieser kontrapunktischen Themen, die ihre volle Selbständigkeit haben, aber doch auf den cantus firmus bezogen sind, ist die irdische Liebe ... Wo der cantus firmus klar und deutlich ist, kann sich der Kontrapunkt so gewaltig entfalten wie nur möglich. Beide sind »ungetrennt und doch geschieden«, wie in Christus seine göttliche und seine menschliche Natur« (Brief aus der Haft vom 20. 5. 1944).
Wenn Barth sagt, der Mensch setze sich durch die Erosliebe in »Widerspruch zu seinem eigenen geschöpflichen Wesen, zu sich selbst und damit zu Gott und zu seinem Nächsten«,[45] dann muß man – seinem Gedankengang folgend – andererseits sagen, der Mensch befinde sich durch die Agapeliebe in Entsprechung zu seinem eigenen geschöpflichen Wesen, zu sich selbst und damit zu Gott und zu seinem Nächsten. Demnach gibt es ein falsches und ein richtiges Verhalten des Menschen zu sich selbst. Das falsche Verhalten zu sich selbst nannten wir Eigenliebe (Egoismus), das richtige Verhalten zu sich selbst: Selbstliebe. Das falsche Verhalten zu sich selbst ist bestimmt durch ichsüchtiges Begehren, das Gott und den Nächsten als Mittel zur Selbstbestätigung und Selbsterhöhung benutzt. Das richtige Verhalten zu

sich selbst ist bestimmt durch die geschöpfliche Bedürftigkeit, die auf Gott und den Nächsten angewiesen ist, weil der Mensch auf Gott und den Nächsten hin geschaffen ist. So gewiß das ichhafte Begehren im Widerspruch zum geschöpflichen Wesen des Menschen steht, so gewiß entspricht seine Bedürftigkeit und das ihr entspringende Verlangen seinem geschöpflichen Wesen. Der Mensch ist auf Grund seiner Kreatürlichkeit ein »von Natur ganz und gar bedürfendes Wesen«, ein »einziges riesiges nach Stillung verlangendes Bedürfen«, das »hungrige Wesen schlechthin«.[46] Und so ist auch alle Liebe, sei sie nun auf den Freund, den Geliebten, den Sohn, den Nächsten oder auf Gott gerichtet, in ihrem Kern bedürfend-verlangende Liebe, Verlangen nach Daseinsfülle und Vollkommenheit, nach Glück und Glückseligkeit, nach Sättigung und Stillung des tiefsten Lebenshungers und Lebensdurstes. Diese bedürfende Liebe ist »die elementare, im Akt der Erschaffung in Gang gesetzte Dynamik unseres Wesens selbst, die zu beherrschen oder gar außer Kraft zu setzten unsere Möglichkeit prinzipiell übersteigt«.[47] Würde sie außer Kraft gesetzt, würde der Mensch aufhören, Mensch zu sein.

Es gilt also zu unterscheiden zwischen ichsüchtigem Begehren und geschöpflichem Bedürfen. Das eine darf zusammen mit dem anderen weder verworfen noch gutgeheißen werden. Das ichsüchtige Begehren ist eine Entartung des geschöpflichen Bedürfens, die ihre Ursache in der Entfremdung des Menschen von sich selbst, seinem Nächsten und Gott hat. Wo der Mensch aus dieser Entfremdung erlöst wird, wird

sein geschöpfliches Bedürfen vom ichsüchtigen Begehren frei – aber er hört nicht auf, ein bedürfendes Wesen zu sein.
Selbstlos sein, kann darum nicht heißen: Gottes und des Nächsten nicht bedürftig zu sein und kein Verlangen nach ihnen zu haben; denn der Mensch ist von Natur und von Schöpfungs wegen liebesbedürftig und verlangt darum nach Liebe, Glück und Lebenserfüllung. Selbstlos sein, kann nur heißen, daß die Liebesbedüftigkeit frei ist von selbstsüchtigem Begehren, weil das eigene Ich nicht im Mittelpunkt des Lebens steht. Der selbstlose Mensch stillt sein tiefstes Bedürfen nicht auf eine verkehrte Art, nämlich so, daß er Gott und den Nächsten als Mittel zum Zwecke seiner Selbstvervollkommnung benutzt. Er sucht die Erfüllung seines Lebens auch nicht dort, wo sie nicht zu finden ist, indem er sich gleichsam mit einer Nahrung nährt, die ihn zwar füllt, aber nicht sättigt, sondern nur noch hungriger macht und darum süchtig werden läßt.
Wo der Mensch aus der Entfremdung von sich selbst, seinem Nächsten und Gott erlöst ist, wird er frei von dem Krampf selbstsüchtiger Eigenliebe, frei zu selbstloser Nächstenliebe, die wirklich den anderen meint und bejaht. Was der Mensch in seiner eigensüchtigen Liebe vergeblich an sich zu reißen suchte, wird ihm in der selbstlosen Nächstenliebe als Gnade zuteil. In ihr findet das tiefste Bedürfen des Menschen letzte Erfüllung. Indem er sich selbst Gott und dem Nächsten hingibt, findet er sich selbst – so wie Gott ihn gemeint hat.

Selbstverleugnung

Was bedeutet es, wenn Jesus die, die ihm nachfolgen wollen, auffordert, sich selbst zu verleugnen? Zum rechten Verständnis ist es notwendig, sich den Zusammenhang zu vergegenwärtigen, in dem Jesus von der Selbstverleugnung sprach.[48]

Als Jesus seinen Jüngern zum erstenmal ankündigte, daß er leiden müsse, nahm ihn Petrus beiseite und machte ihm ernsthafte Vorhaltungen: »Das verhüte Gott, Herr, nie und nimmer widerfahre dir das!« Jesus aber entgegnete ihm: »Mir aus dem Weg, Satan! Du willst mich zu Fall bringen; denn du bist nicht auf den Willen Gottes, sondern auf allzu Menschliches bedacht.« Dann wandte sich Jesus an seine Jünger und sagte:

»Wenn mir jemand nachfolgen will,
so verleugne er sich selbst
und nehme sein Kreuz auf sich (täglich)
und folge mir nach.
Denn wer sein Leben erhalten (retten) will,
  der wird es verlieren (verderben).
Wer aber sein Leben verliert um meinetwillen,
  der wird es finden.
Was hätte der Mensch für einen Nutzen davon,
  wenn er die ganze Welt (kosmos) gewinnen würde,
aber er würde sich selbst verlieren
  oder an sich selbst Schaden nehmen?«[49]

Diese Worte Jesu sind in allen drei synoptischen Evangelien überliefert, und zwar in einem so weitgehend übereinstimmenden Wortlaut, wie es nur selten der Fall ist.

Was ist mit »Selbstverleugnung« gemeint? Die Tatsache, daß das Wort eine neutestamentliche Prägung ist, macht deutlich, daß es hier um einen nur vom Evangelium her zu erfassenden Sachverhalt geht. Der ursprüngliche Sinn des Wortes »verleugnen« wird am deutlichsten an der Verleugnung des Petrus.[50] Als dieser gefragt wurde, ob er zu Jesus gehöre, stritt er es ab: »Ich kenne den Menschen nicht!« Er kündigte damit das bestehende Gehorsams- und Treueverhältnis zu Jesus auf und sagte sich von ihm los. Sich selbst verleugnen, heißt demnach: sich selbst nicht mehr kennen; sich selber den Rücken kehren; sich von sich selbst lossagen; das eigene Wünschen und Wollen verneinen; sich selbst vergessen. Das klingt ganz negativ, als würde hier ein Selbsthaß gepredigt, der das Leben von innen her zerstören muß. Aber die Abkehr von sich selbst ist nur die negative Seite der positiven Hinkehr zu dem Gott, der dem Menschen in Christus begegnet. Abkehr und Hinkehr sind die beiden, unlöslich zusammengehörenden Seiten der »Umkehr«, die die Bibel »Buße« nennt. Diese Umkehr ist aber kein vom Menschen zu leistendes Werk, sondern sie wird bewirkt durch die in Christus gegenwärtige Wirk-lichkeit des Reiches Gottes. Weil der Christ von Christus ergriffen ist, kann er sich selbst loslassen. Weil er auf Christus sieht, kann er von sich selbst absehen. Weil er sich Christus zugesagt hat, kann er sich selbst absagen.

Weil und insofern er Christus lebt, lebt er nicht sich selbst. Er kann mit dem Apostel Paulus sagen: »Es lebt nicht mehr Ich, es lebt Christus in mir.«[51]

Sich selbst verleugnen, heißt: sich dem Anspruch des eigenen Ich versagen, um den Anspruch Christi zu erfüllen; heißt: nicht den eigenen Willen, sondern den Willen Gottes geschehen lassen. Der Mensch »kann gerade er selbst nur in der Freiheit sein – nicht sich selbst leben zu wollen.«[52] Sich selbst verleugnen, heißt: nicht den eigenen, selbstgewählen Weg gehen, sondern Christus auf seinem Weg nachfolgen, auf dem er als zum Tode Verurteilter sein Kreuz zur Hinrichtungsstätte trug. »Wer den Ruf des Gekreuzigten in seine Nachfolge gehört hat, weiß, daß er Gott ein tägliches Sterben im Dienst der Nächsten schuldet, und davor verblassen die blendenden Lokkungen der Erde wie die Furcht vor ihren Tyrannen.«[53] Sich selbst verleugnen, heißt: von seinem eigenen Leben absehen und bereit sein, Kreuz und Leiden auf sich zu nehmen. »Der Sinn des Leides ist, den Menschen bereit zu machen, daß er sich löse aus seiner Selbstumkreisung, aus der Verkrampfung in die eigene Lebensplanung, daß er sich öffne für den Weltgang Gottes, sich diesem Gange einordne, hingebe und ihm diene.«[54]

Es geht hier letztlich um das Mysterium von Tod und Auferstehung. In dem Maße, in dem der Mensch sein gottentfremdetes, selbstherrliches Ich – seinen alten Adam – kreuzigt und in den Tod gibt, gewinnt das neue Leben, das wahre Selbst – »in Christus« – Gestalt und Leben. Tod und Leben sind die zwei Seiten derselben Sache: Tod ist es in bezug auf das eigene selbstherrliche Ich, das sterben muß. Leben ist es in Bezug auf das ware Selbst, das ganz Gott lebt.

Die Gewinnung des neuen Lebens, des wahren Selbst ist also nicht ein Werk des Menschen, der unablässig an seiner Vervollkommnung arbeitet, sondern das Werk Gottes, der die Sünder gerecht und die Toten lebendig macht. Rechtfertigung des Sünders und Auferweckung der Toten gehören wesensmäßig zusammen.

Daß der Mensch gerecht wird ohne des Gesetzes Werke, allein durch den Glauben, allein durch Gnade,[55] bedeutet: Alle Wege der Selbst-Erlösung verkehren den wahren Weg der Erlösung. Sowohl der Weg der Selbst-Erlösung durch buchstabengetreue Erfüllung des Gesetzes oder durch Askese (Selbstbeschränkung aus Gehorsam gegenüber dem göttlichen Gesetz), als auch der Weg der Selbst-Erlösung durch mystische Einigung mit Gott, durch Teilnahme an einem sakramentalen Akt, durch Annahme der »reinen Lehre« oder durch radikale persönliche Hingabe, ganz zu schweigen von dem säkularen Selbst-Erlösung-Versuch des modernen Menschen, durch menschliche Arbeit und technische Leistung autonom eine neue Welt zu verwirklichen. Mit Recht hat aber Paul Tillich darauf hingewiesen, daß alle Religion, auch die christliche Religion, die auf Offenbarung gründet, in der Gefahr steht, das was sie empfangen hat, zu verzerren und als Mittel und Werkzeug der Selbst-Erlösung zu verfälschen und zu mißbrauchen.[56]

Selbstverleugnung ist somit kein Akt der Verzweiflung, sondern ein Akt des Vertrauens – nicht auf sich selbst und die eigene Kraft, sondern auf Gott und die Kraft der Auferstehung. Die Kraft der Auferstehung erweist sich in der Bereitschaft, das Kreuz – nicht das Kreuz Christi, sondern das eigene Kreuz – in allen seinen Ausprägungen auf sich zu nehmen und zu bejahen, ja das Leben um des Herrn und um der Brüder willen zu verlieren.

»Um Christi willen« sein Leben für den Nächsten hingeben, heißt nicht, den Nächsten lieben, um Christus zu gefallen, sondern ihn lieben, weil Christus sein Leben für uns hingegeben hat. »Um Christi willen« gibt also nicht den Zweck, sondern den Grund an. Der Grund für die liebende Hingabe liegt nicht im Nächsten selbst, in seiner Liebenswürdigkeit, sondern sie liegt in der Liebe, die uns in Christus widerfahren ist, obgleich wir ihrer nicht würdig sind.

Sein Leben hingeben heißt aber nicht, sich selbst aufgeben; denn in der liebenden Hingabe seines Lebens findet der Mensch sein wahres Selbst. Darum gerade ist er bereit, Kreuz und Leiden auf sich zu nehmen, um nicht »Schaden zu nehmen an sich selbst«. Darum ist er bereit, sein Leben zu verlieren, um nicht »sich selbst zu verlieren«. Denn – so sagt Christus – der Gewinn des ganzen Kosmos würde den Verlust seiner selbst nicht aufwiegen.

Selbstentäußerung

Das Wort von der Selbstverleugnung und Leidensbereitschaft kann nur von dem her recht verstanden werden, der es gesprochen hat, »der seine göttliche Identität aufgab und seine wahre Identität im Kreuz fand«.[57] In einem Christushymnus, den Paulus zitiert, heißt es:

»Ob er wohl in göttlicher Gestalt war
(d. h. in göttlichem Dasein lebte),
nahm er's nicht als einen Raub,
Gott gleich zu sein,
sondern entäußerte sich selbst
und nahm Knechtsgestalt an
(d. h. trat in ein Sklavendasein ein)
so wie es die Menschen leben, ihnen gleich . . .
Er erniedrigte sich selbst
und ward gehorsam bis zum Tode,
ja zum Tode am Kreuz.«[58]

Worin besteht seine Selbstentäußerung? Darin, daß er seine gottgleiche Daseinsweise nicht selbstsüchtig ausnutzte, sondern sich ihrer aus freiem Willen entledigte und menschengleich wurde, das heißt unter den Bedingungen menschlichen Lebens lebte, sich jedoch durch seinen Gehorsam von den Sündern unterschied. Er blieb er selbst, aber vertauschte seine »Gestalt«, die nach hellenistischem Denken Ausdruck des Wesens ist. Er tauschte sein göttliches Dasein gegen ein Sklavendasein ein, womit das Menschsein schlechthin in seinem Ausgeliefertsein an die Mächte gemeint ist. »Er wurde ein Bettler, obwohl er reich war.«[59]

Seine Selbstentäußerung war Selbsterniedrigung. Seine Selbsterniedrigung war Selbsthingabe: Unterwerfung des Freien; freier, nicht zwangsläufig geleisteter Gehorsam bis zum schmachvollen Tod am Kreuz, dem Galgen der damaligen Zeit. Beides gehört unlöslich zusammen: die Freiheit und der Gehorsam. Beides wird im Leiden Christi deutlich. Er selbst faßte, als die Stunde gekommen war, den Entschluß, nach Jerusalem zu gehen, obgleich er wußte, was ihn dort erwartete.[60] Er verteidigte sich nicht, als er gefangengenommen wurde, sondern gab sich frei und willig in die Hände seiner Feinde.[61] Weder vor dem Hohen Rat der Juden noch vor dem römischen Statthalter Pontius Pilatus verteidigte er sich. Er schwieg auf die falschen Anschuldigungen und unechten Fragen, bekannte aber frei heraus, als die entscheidende Frage an ihn gerichtet wurde: »Ja, ich bin ein König. Ich bin dazu geboren und in die Welt gekommen, um für die Wahrheit Zeugnis abzulegen. Wer aus der Wahrheit ist, hört meine Stimme.«[62] Obgleich er gebunden vor Pilatus stand, war er doch der wahrhaft Freie gegenüber dem Machthaber, der gegen seine Überzeugung Jesus dem Tode auslieferte, um dem Volk »Genüge« zu tun.[63] Jesus war frei von Furcht vor denen, die Gewalt über ihn hatten, denn er wußte sich in Gottes Hand: »Du hättest keine Macht über mich, wenn sie dir nicht von oben her gegeben wäre . . .«[64] Er war frei von Haß, so daß er noch für die beten konnte, die ihm die Nägel durch

Hände und Füße schlugen: »Vater, vergib ihnen; denn sie wissen nicht, was sie tun!«[65] Er war frei von Sorge um sich selbst, darum sorgte er bis zuletzt für andere: »Weib, siehe, das ist dein Sohn! – Siehe, das ist seine Mutter!«[66] Er war frei, sein Leben hinzugeben: »Niemand nimmt es von mir, sondern ich lasse es von mir selbst.«[67] Auch im Leiden blieb er der souverän Handelnde. Seine Passion war in Wahrheit höchste Aktion.

Mit einem gewissen Recht hat Dorothee Sölle sich dagegen gewandt, Leben und Tod Jesu nur unter den von unserer Vergangenheit her mißverständlichen Begriffen »Gehorsam« und »Opfersinn« zu fassen. Sie redet statt dessen von dem »Glück« eines erfüllten Lebens und der »Phantasie«, die daraus erwächst. Sie betont, »daß Selbstlosigkeit und Opferbereitschaft erst dort entstehen können, wo ein Mensch zu sich selber gekommen und ein bestimmter Stand der eigenen Freiheit erreicht ist. Der Gehorsam hat nur dann Sinn, wenn er in Übereinstimmung des Menschen mit sich selber geleistet wird; alles Opfer, alle Verzichte und alles Leiden, die ohne diese Übereinstimmung geleistet werden, vielleicht weil sie einem abverlangt werden von anderen, sind sinnlos und bewirken nichts: aus ihnen gibt es keine Auferstehung. Die Selbstlosigkeit, die auf erfahrenem Glück beruht, ist eine ganz andere . . .«[68] Christus, den sie für den glücklichsten Menschen hält, der je gelebt hat, ist für sie »der Mensch, der aus dem Reichtum des Selbst lebt, der mit sich selber im Einklang ist in dem Sinne, daß sich seine Kräfte nicht im fruchtlosen Kampf (gegen sich selbst) verzehren, sondern frei verfügbar werden für den anderen Entwurf der Welt, den Jesus das Reich Gottes nannte.«[69] Und von Christus lernt sie: »Je glücklicher einer ist, um so leichter kann er loslassen. Seine Hände krampfen sich nicht um das ihm zugefallene Stück Leben. Seine Hände können sich öffnen.«[70]

Nun spricht aber der Christushymnus, den Paulus zitiert, nicht von Christus als von irgendeinem Menschen, dessen Beispiel und Vorbild in Demut und Selbstverleugnung nachzueifern wäre. Dem Hymnus liegt nämlich das gnostische Schema des Mythos vom Urmensch-Erlöser (Präexistenz, Inkarnation, Inthronisation) zugrunde. Christus ist der Urmensch-Erlöser, der neue Adam, das Gegenbild zu dem gefallenen Urmenschen, dem alten Adam. Der erste Adam begnügte sich nicht mit seiner Gottebenbildlichkeit, sondern erhob sich, um Gott gleich zu sein. Der zweite Adam dagegen gab seine Gottgleichheit auf und erniedrigte sich, um menschengleich zu werden. Der zweite Adam hat durch seine Selbsterniedrigung die Selbsterhöhung des ersten Adam aufgehoben. Indem er gehorsam war bis zum Tode am Kreuz, hat er Adam vom Fluch des Ungehorsams erlöst. Die Erscheinung (Epiphanie) des Gehorsamen ist göttliche Offenbarung und letztgültiges, die ganze Welt angehendes Ereignis. Es bringt Leben und Gerechtigkeit in die Welt und bedeutet darum das Heil für die Welt. Christus überwand den Zwang des Schicksals, dem die Menschen unterworfen sind, indem er sich freiwillig in den Bann der Knechtschaft durch die Mächte begab und Niedrigkeit als Möglichkeit des Dienens ergriff. Weil er, im irdischen Sklavenstande an die Mächte ausgeliefert, gehorsam war bis zum Tode am Kreuz, ist er, der sich selbst erniedrigte, von Gott über alle Mächte erhöht.

»Darum hat Gott ihn zur höchsten Höhe erhoben
und ihm den Namen verliehen,
der über alle Namen Macht hat.
Wo der Name Jesu ausgerufen wird,
da sollen sich die Knie beugen
aller himmlischen, irdischen und unterirdischen Mächte,
und jeder Mund in das Bekenntnis einstimmen:
Jesus Christus ist der Herr,
Gott, dem Vater, zum Preis.«[71]

Die himmlische Inthronisation Christi umfaßt die Präsentation vor dem göttlichen Hofstaat, die Verleihung und öffentliche Proklamation des neuen Namens: Herr der Welt (Kosmokrator), die Unterwerfung (Proskynese) der kosmischen Mächte im Himmel, auf der Erde und in der Unterwelt mit der feierlichen und rechtskräftigen Anerkennung und Bestätigung (Akklamation) Christi als des »Herrn« (Kyrios), dem die Macht über den ganzen Kosmos übertragen ist und der Gott der Welt gegenüber repräsentiert.

Es ist deutlich: Christus als der Urmensch-Erlöser »bleibt himmlisches Wesen und kann darum gar nicht Vorbild werden. Er offenbart Gehorsam, aber er macht ihn nicht zur Imitation vor. Er ist Urbild, nicht Vorbild.«[72] Der Satz, mit dem Paulus den Christushymnus einleitet und der in Luthers Übersetzung lautet: »Ein jeglicher sei gesinnt, wie Jesus Christus auch war«,[73] kann darum nicht so verstanden werden, daß die Christen sich Christus zum Vorbild rechter ethischer Gesinnung nehmen sollten. Der Satz des Paulus ist seinem ursprünglichen Sinne nach vielmehr so zu verstehen, daß er die Christen ermahnt, sich untereinander so zu verhalten, wie es dem Sein »in Christus«, im Bereich der Christusherrschaft, entspricht. Wer »in Christus« ist, steht nicht mehr unter der Herrschaft der Mächte, er hat einen Herrschaftswechsel vollzogen, er steht unter der Herrschaft dessen, der Herr ist über alle Mächte. Wer »in Christus« ist, hat das Alte hinter sich gelassen und ist ein neuer Mensch geworden.[74] Wer »in Christus« ist, hat sein wahres Selbst gefunden.

Christliches Leben ist ohne Selbstentäußerung nicht denkbar. Aber so gewiß unser Kreuz, das wir in der Nachfolge Christi auf uns zu nehmen haben, nicht das Kreuz Christi ist – sein Kreuz, das er für uns trug, verbleibt ihm allein –, so gewiß ist auch die Selbstentäußerung des Christen etwas anderes als die Selbstentäußerung Christi. Er entäußerte sich seiner gottgleichen Daseinsweise um menschengleich zu werden. Der Christ entäußert sich seiner sündigen Daseinsweise, um »in Christus«, im Leiden und Sterben mit ihm, das wahre Leben zu finden. »Im Vertrauen auf die mit Christus in Gott verborgene und geborgene Identität (Kol. 3, 3) wird jene Selbstpreisgabe möglich, der Weg in die Nichtidentität und Unkenntlichkeit, die sich weder an alte Identitätsformen klammert, noch ängstlich nach den Identitätsformen jener greift, mit denen der Kampf gemeinsam geführt wird. – Nur durch Entäußerung an das Fremde, Unbekannte und andere kommt der Mensch zu sich selbst.[75]

Zusammenfassung · Thesen

1. Durch die Sünde ist der Mensch gleichermaßen sich selbst, seinem Nächsten und Gott entfremdet. Durch die Selbst-Entfremdung wird die natürliche Selbstliebe zum widernatürlichen Egoismus, das gesunde Streben nach Selbstentfaltung und Selbstverwirklichung zur krankhaften Selbstsucht. Dadurch gerät die Selbstliebe in Widerspruch zur Nächstenliebe und zur Gottesliebe. Sie wird zur Selbstbehauptung gegen den Nächsten und gegen Gott.

2. Durch die Erlösung aus der Selbst-Entfremdung der Sünde gewinnt der Mensch das rechte Verhältnis zu sich selbst, zu seinem Nächsten und zu Gott. Das rechte Verhältnis, das frei ist von Entfremdung, ist die Liebe. Die Liebe ist unteilbar; sie erweist sich gleicherweise sich selbst, dem Nächsten und Gott gegenüber. Erlöste Selbstliebe steht nicht im Widerspruch zur Nächstenliebe und zur Gottesliebe. Sie liebt den Nächsten wie sich selbst und findet ihr wahres Selbst in Gott, bzw. in Christus.

3. Da der Mensch immer zugleich gerecht und Sünder ist, muß er sein selbstsüchtiges Ich »in täglicher Reue und Buße« in den Tod geben, um sein wahres Selbst täglich neu in der Hingabe an Gott und den Nächsten zu finden. Selbstverwirklichung ist deshalb nicht ein Werk des Menschen, der im Sinne des Idealismus an seiner Vervollkommnung arbeitet, son-

dern ein Werk Gottes, der die Sünder gerecht und die Toten lebendig macht.

4. Wer selber keine Liebe erfahren hat, kann auch keine Liebe geben. Darum müssen zuerst Bedürfnisse erfüllt, Lebensrechte anerkannt und Güter und Gaben gegeben werden, ehe Nächstenliebe gefordert werden kann (Evangelium und Gesetz). Nur wer sich selber angenommen weiß, kann auch seinen Nächsten annehmen und lieben. Nur wer seine eigene dunkle Schattenseite angenommen hat, kann auch seinen Feind annehmen und lieben. Nur wer die gegensätzlichen Seiten seiner Selbst zu einer Ganzheit zu einen vermag, kann unter gegensätzlichen Menschen Frieden stiften.

5. Wahre Selbstliebe und wahre Selbstlosigkeit stehen in einer lebendigen Wechselbeziehung: Die Selbstliebe bewahrt die Selbstlosigkeit davor, zur Selbstaufgabe zu entarten. Die Selbstlosigkeit bewahrt die Selbstliebe davor, zur Selbstsucht zu entarten. Auch die mögliche Selbstentfaltung (Genuß) und die notwendige Selbstbegrenzung (Askese) stehen in einer lebendigen Wechselbeziehung.

6. Selbstbezogene Liebe (Eros) und gottbezogene Liebe (Agape) stehen nicht in einem sich ausschließendem Gegensatz: Die Agape reinigt den gottgegebenen Eros von selbstsüchtigem Begehren, hebt ihn aber nicht auf. Der Mensch ist und bleibt ein von Natur und Schöpfung wegen ganz und gar liebebedürftiges, nach Liebe verlangendes Wesen.

7. Selbstverleugnung (das Wort ist eine neutestamentliche Prägung) als Abwendung des Menschen von sich selbst ist die Kehrseite seiner Hinwendung zu dem ihm in Christus begegnenden Gott. Selbstverleugnung ist das Kennzeichen eines von der Selbstumkreisung befreiten Lebens, das frei und willig ist, Gott und dem Nächsten zu leben.
8. Wahre Selbstliebe, Nächstenliebe und Gottesliebe sind als drei Dimensionen der Liebe unlöslich miteinander verbunden und aufeinander bezogen: Nur wer sich selbst liebt, kann auch seinen Nächsten lieben. Nur in der Liebe zum Nächsten können wir unsere Liebe zu Gott erweisen. Nur wer die Liebe Gottes erfahren hat, kann in rechter Weise sich selbst und seinen Nächsten lieben.

Anmerkungen

1 Arno Plack, Die Gesellschaft und das Böse. München 1967, S. 318
2 Erich Fromm, Die Kunst des Liebens (Ullstein-Buch Nr. 258), Frankfurt a. M./Berlin/Wien 1972, S. 87
3 C. G. Jung, Neue Bahnen der Psychologie, Zürich 1912, S. 261 f.
4 Erich Fromm a. a. O. S. 88
5 Ebd. S. 88 f.
6 Fritz Künkel, Das Wir. Grundbegriffe der Wir-Psychologie. Schwerin 1938, S. 122 f.
7 Fritz Künkel, Ringen um Reife. Eine Untersuchung über Psychologie, Religion und Selbsterziehung. Konstanz 1955, S. 166
8 Matth. 22, 39; vgl. 3. Mose 19, 18
9 Erich Fromm a. a. O. S. 84
10 Meister Eckehart, Deutsche Predigten und Traktate. Hrsg. und übers. von J. Quint, München 1955, S. 214 (Predigt 13)
11 Holger Hoffmann, Gott im Untergrund. Die religiöse Dimension der Pop-Kultur (Furche-Stundenbuch Nr. 108), Hamburg 1972, S. 24
12 Giesela Bonn, Unter Hippies. (Econ aktuell) Düsseldorf/Wien 1968, S. 64 ff.
13 Holger Hoffmann a. a. O. S. 25
14 Esther Harding, Das Geheimnis der Seele. Ursprung und Ziel der psychischen Energie, Zürich 1948, S. 128 ff.
15 Ebd. S. 141
16 Alexander und Margarete Mitscherlich, Die Unfähigkeit zu trauern. Grundlagen kollektiven Verhaltens. München 1968, S. 71 ff.
17 Ebd. S. 13
18 Ebd. S. 79
19 Ebd. S. 80
20 Vgl. Paul Tillich, Systematische Theologie Bd. II, Stuttgart 1958, S. 52 ff.

21 Ernesto Cardenal, Das Buch der Liebe. Wuppertal-Barmen 1971, S. 41

22 Hans-Rudolf Müller Schwefe, Der Geist macht lebendig. Über die Bedeutung des Heiligen Geistes heute, Hamburg 1970, S. 87

23 Vgl. Hermann Hesse – Heiliger der Hippies? Ein Farbfilm über den Einfluß Hesses auf die Jugend Amerikas. Buch: Franz Baumer (Prod.-Nr. 46 958 – Bayerischer Rundfunk)

24 Hermann Hesse, Der Steppenwolf (Bibliothek Suhrkamp Bd. 226), Frankfurt a. M. 1972, S. 16

25 Ebd. S. 31

26 Ebd. S. 31

27 Ebd. S. 54

28 Ulrich Beer, Liebe oder Sozialismus? Stuttgart 1969, S. 172 f. Vgl. Gordon W. Allport, Die Natur des Vorurteils, Studienbibliothek Kiepenheuer & Witsch, Köln 1971, S. 390

29 Zit. b. Josef Pieper, Über die Liebe. München 1972, S. 129

30 Dorothee Sölle, Das Recht ein anderer zu werden. (Sammlung Luchterhand 43), Neuwied/Berlin 1971, S. 40

31 Der Mensch zwischen Selbstentfremdung und Selbstverwirklichung. Texte von Max Frisch. (Religion – Studienstufe, hrsg. von Peter H. A. Neumann, Heft 1) Stuttgart 1970

32 Max Frisch, Stücke Bd. 2. Frankfurt a. M. 1962, S. 248 ff.

33 Max Frisch, Tagebuch 1946–1949. Stuttgart o. J. (Sonderausgabe des Europäischen Buchklubs), S. 135

34 Max Frisch, Stiller. Roman. Frankfurt a. M. 1963 (Suhrkamp Hausbuch 1963); vgl. dazu: Über Max Frisch. Hrsg. von Thomas Beckermann (edition suhrkamp 404), Frankfurt a. M. 1971; Hans Jürgen Baden, Poesie und Theologie, Hamburg 1971, S. 125 ff.

35 Max Frisch, Stiller a. a. O. S. 176 f.

36 Ebd. S. 508 f.

37 Ebd. S. 382 f.; 482 f.

38 Ebd. S. 380

39 Hans Jürgen Baden a. a. O. S. 145

40 Das Heil der Welt heute. Studienmaterial zur Weltmis-

sionskonferenz 1972/3 (Studienreihe für Verkündigung und Gemeindeaufbau, Heft 2), Gladbeck 1972, S. 54

41 Jesus Sirach 14, 5 f.

42 Alexander Solschenizyn, Der erste Kreis der Hölle. Roman. Frankfurt a. M. 1968

43 Tobias Brocher, Das Ich und die Anderen in Familie und Gesellschaft (Psychologisch gesehen 5), Stuttgart 5. Aufl. 1971, S. 96

44 Robert Jungk, Der Jahrtausendmensch. Bericht aus den Werkstätten der neuen Gesellschaft. München/Gütersloh/Wien 1973, S. 173

45 Ebd. S. 171

46 Vgl. Heribert Kohl, Arbeit und Freizeit – problemloses Nebeneinander? in: DAS PARLAMENT Nr. 32/75, S. 5

47 B. Külp/R. Mueller, Alternative Verwendungsmöglichkeiten wachsender Freizeit. Ökonomische und sozialpolitische Implikationen. Göttingen 1973

48 G. M. Martin, Müßiggang – aller Laster Anfang? in: Freizeit – neue Hoffnung auf Freiheit. Hrsg. vom Arbeitskreis Freizeit und Erholung Schleswig-Holstein, Hamburg 1973, S. 19 f.

49 Vgl. dazu: Ernst Lange, Erwachsenenbildung in der Freizeitgesellschaft, in: Das missionarische Wort Jg. 23, 1970, S. 118 ff.

50 Ebd. S. 124

51 Ebd. S. 124

52 Vgl. Franz Meyers, Freizeit als gesellschaftspolitische Aufgabe. Rede am 3. Okt. 1973 in Kiel. – DAS PARLAMENT Nr. 32/75

53 George Jackson, In die Herzen ein Feuer. Bern/München/Wien 1971

54 Ebd. S. 168

55 Ebd. S. 65

56 Ebd. S. 144

57 Ebd. S. 98

58 Bertolt Brecht, Gesammelte Werke Bd. 11 (Werkausgabe edition suhrkamp) Frankfurt a. M. 1967, S. 315 ff.

59 Ebd. S. 320

60 Christa Meves, Die Bewältigung der zweiten Lebenshälfte im Dasein der Frau, in: Wunschtraum und Wirklichkeit. Lernen an Irrwegen und Illusionen. Freiburg/Basel/Wien (Herderbücherei Nr. 433), S. 93 ff.
61 Ebd. S. 96
62 Dorothee Sölle, Phantasie und Gehorsam. Überlegungen zu einer künftigen christlichen Ethik. 2. Aufl. Stuttgart/Berlin 1968, S. 37 ff.
63 Ebd. S. 46
64 Ulrich Beer, Liebe oder Sozialismus? Stuttgart 1969, S. 170
65 Ebd. S. 174
66 Dorothee Sölle, Phantasie und Gehorsam a. a. O. S. 46
67 Albert Schweitzer, Aus meinem Leben und Denken. Hamburg 1952 (Fischer-Bücherei Nr. 18), S. 72
68 Albert Schweitzer, Ausgewählte Werke in fünf Bänden, Bd. 5, (Ost-)Berlin 1971, S. 117 ff.
69 Ebd. S. 125
70 Ebd. S. 122
71 Ebd. S. 132 ff.
72 Das Heil der Welt heute. Dokumente der Weltmissionskonferenz Bangkok 1973. Hrsg. v. Ph. A. Potter, Stuttgart/Berlin 1973, S. 216
73 Paul Tournier, Unsere Maske und wir. Göttingen 1955, S. 277
74 Zit. bei James H. Cone (s. Anm. 71), S. 58
75 Ebd. S. 63
76 Ebd. S. 49
77 Ebd. S. 57
78 James H. Cone, Schwarze Theologie. Eine christliche Interpretation der Black-Power-Bewegung. München 1971
79 Ebd. S. 63
80 Ebd. S. 204
81 Max Kohnstamm, Das Selbstbestimmungsrecht der Menschen und der Völker, in: Mitbestimmung und Selbstbestimmung. Experten bieten Lösungen an. (Radius Projekte 41), Stuttgart 1970, S. 21
82 D. u. D. Meadows, E. Zahn, P. Milling, Die Grenzen des Wachstums. Bericht des Club of Rome zur Lage der Mensch-

heit (rororo-Sachbuch Nr. 6825), Hamburg 1973; W. L. Oltmans, »Die Grenzen des Wachstums«, pro und contra. (rororo-Sachbuch Nr. 6879), Hamburg 1974

83 D. u. D. Meadows u. a., Die Grenzen des Wachstums a. a. O. S. 174

84 Ivan Illich, Selbstbegrenzung. Eine politische Kritik der Technik, Hamburg 1975

85 Ebd. S. 121

86 Wolf-Dieter Marsch, Ethik der Selbstbegrenzung. Theolog. Überlegungen zum Umweltschutz, in: Ev. Kommentare 1/73, S. 18 ff.

87 Dorothee Sölle, Umgang mit sich selbst, in: Das Recht ein anderer zu werden (Reihe Theologie und Politik, hrsg. von H. E. Bahr, Bd. 1), Neuwied/Berlin 1971, S. 30 f.

88 Metamorphose des Narziß. Die Jugend entdeckt Dali. Hrsg. von K. Gallwitz. Hamburg 1971, S. 43

89 Ebd. S. 46

90 Gisela Bonn, Unter Hippies (Econ aktuell), Düsseldorf/Wien 1968, S. 33

91 Buddhismus in geistiger Auseinandersetzung mit der modernen Welt. Evangelische Zentralstelle für Weltanschauungsfragen (Arbeitstexte Nr. 12/1972), Stuttgart 1972, S. 18

92 Gisela Bonn a. a. O. S. 41

93 Jürgen Moltmann, Der gekreuzigte Gott. Das Kreuz Christi als Grund und Kritik christlicher Theologie, München 1972, S. 27

94 Anaïs Nin, Spion im Haus der Liebe. Roman. (dtv Nr. 848), München 1972

95 Ebd. S. 97

96 Ebd. S. 114

97 Die Tagebücher der Anaïs Nin (1931–1934), hrsg. von G. Stuhlmann, deutsch H. Zand, (dtv Nr. 759), München 1971, S. 12

98 Vgl. M.-L. von Franz, Der Individuationsprozeß, in: Der Mensch und seine Symbole, Olten/Freiburg 1968, S. 158 ff.; C. J. Jung, Die Beziehungen zwischen dem Ich und dem Unbewußten auf das Bewußtsein. Die Individuation. 9. Aufl. Olten/Freiburg 1972, 63 ff.; V. Franz/Mann/Heidland,

C. G. Jung und die Theologen. Selbsterfahrung und Gotteserfahrung bei C. G. Jung. (Radius Projekte 49), Stuttgart 1971

99 C. G. Jung, Die Beziehungen ... a. a. O. S. 65

100 Ebd. S. 77

101 Vgl. Esther Harding, Das Geheimnis der Seele. Ursprung und Ziel der psychischen Energie. Zürich 1947, S. 213 ff.

102 Tobias Brocher, Das Ich und die Anderen in Familie und Gesellschaft (Psychologisch gesehen 5), Stuttgart 5. Aufl. 1971, S. 83 f.

103 Theodor Bovet, Lebendige Seelsorge. Eine praktische Anleitung für Pfarrer und Laien, Tübingen 1952, S. 89 ff.

104 Vgl. C. G. Jung, Welt der Psyche. Eine Auswahl zur Einführung. Zürich 1954, S. 86 ff.

105 C. G. Jung, Psychologie und Alchemie, Zürich 1944, S. 35

106 M.-L. von Franz, Der Individuationsprozeß a. a. O. S. 218 ff.

107 Vgl. G. P. Zacharias, Psyche und Mysterium. Die Bedeutung der Psychologie C. G. Jungs für die christliche Theologie und Liturgie. Zürich 1954

108 Vgl. Horst E. Richter, Die Gruppe. Hoffnung auf einen Weg, sich selbst und andere zu befreien. Psychoanalyse in Kooperation mit Gruppeninitiativen. Hamburg 1972

109 Vgl. Tobias Brocher, Gruppendynamik und Erwachsenenbildung. Zum Problem der Entwicklung von Konformismus oder Autonomie in Arbeitsgruppen. Braunschweig 1967; Ders., Das Ich und die Anderen in Familie und Gesellschaft. (Psychologisch gesehen 5), Stuttgart 5. Aufl. 1971

110 Matth. 7, 1–5

111 Dietrich Stollberg, Selbsterkenntnis für andere, in: Lutherische Monatshefte 1/73, S. 17 ff.

112 Dietrich Stollberg a. a. O.

113 James Hillman, Die Begegnung mit sich selbst. Psychologie und Religion, Stuttgart 1969, S. 39 f.

114 Psychonautik. Kritik an der »Gruppendynamik« in Kirche und Gemeinde. Wuppertal 1977, S. 15

115 Luise Rinser, Bruder Feuer. Roman. Stuttgart 1975, S. 114

1 Vgl. Andreas Nissen, Gott und der Nächste im antiken Judentum. Untersuchungen zum Doppelgebot der Liebe. Tübingen 1974 (Wiss. Untersuchungen zum Neuen Testament)
2 Vgl. G. von Rad, Theologie des Alten Testaments Bd. I, München 1957, S. 224 f.
3 Vgl. Der barmherzige Samariter, hrsg. von Water Jens. Stuttgart 1973
4 Vgl. Joachim Jeremias, in: Theologisches Wörterbuch zum Neuen Testament, Bd. VII, Stuttgart 1964, S. 88 ff.
5 A. Nissen a. a. O. S. 293 f.
6 Martin Buber, Werke Bd. I, München 1962, S. 229
7 A. Nissen a. a. O. S. 299 f.
8 Vgl. Anders Nygren, Eros und Agape. Gestaltwandlungen der christlichen Liebe. Deutsch Gütersloh 2. Aufl. 1954, S. 559 ff.
9 Ebd. S. 561
10 Vgl. ebd. S. 419 ff.
11 Zit. ebd. S. 428
12 Zit. b. Josef Pieper, Über die Liebe. München 1972, S. 138
13 A. Nissen a. a. O. S. 239
14 2. Mose 31, 18
15 Röm. 13, 10
16 Vgl. Matthäus 12, 10 ff.
17 Vgl. Ernst Lohmeyer/Werner Schmauch, Das Evangelium des Matthäus. Kritisch-exegetischer Kommentar über das Neue Testament. Göttingen 1956, S. 330
18 Martin Luther King jr., Kraft zum Lieben (Konstanzer Taschenbuch Nr. 50), Konstanz 1968, S. 111 ff.
19 Coretta King, Mein Leben mit Martin Luther King. Stuttgart 1970, S. 11
20 Matth. 25, 40. 45
21 Martin Luther King a. a. O. S. 126
22 Luk. 15, 11 ff. Vgl. dazu: Joachim Jeremias, Die Gleichnisse Jesu. 4. Aufl. Göttingen 1956, S. 113 ff.; Georg Eichholz, Gleichnisse der Evangelien. Form, Überlieferung, Auslegung. Neukirchen-Vluyn 1971, S. 200; Walter Uhsadel,

Überwindung seelischer Krisen. Ein Versuch seelsorgerlicher Deutung des Gleichnisses vom Verlorenen Sohn auf Grund tiefenpsychologischer Einsichten; in: Der Mensch und die Mächte des Unbewußten. Studien zur Begegnung von Psychotherapie und Seelsorge, Kassel 1952, S. 81 ff.; Karl Heinrich Rengstorf, Die Re-Investitur des Verlorenen Sohnes in der Gleichniserzählung Jesu Luk. 15, 11–32. (Arbeitsgem. f. Forschung des Landes Nordrhein-Westfalen, Geisteswiss. H. 137), Köln/Opladen 1967

23 Vgl. Alexander u. Margarete Mitscherlich, Die Unfähigkeit zu trauern a. a. O. S. 78 ff.

24 Dorothee Sölle, Umgang mit sich selbst, in: Das Recht ein anderer zu werden a. a. O. S. 31

25 Vgl. Kurt Kallensee, Die Liebe des Vaters. Das Gleichnis vom verlorenen Sohn in der christlichen Dichtung und bildenden Kunst. (Ost-)Berlin 1960, S. 44

26 Ernesto Cardenal, Das Buch der Liebe a. a. O. S. 30 u. 27

27 Luk. 18, 9 ff.

28 Wilhelm Stählin, Gespräch – Meditation – Gebet, in: Symbolon. Vom gleichnishaften Denken. Stuttgart 1958, S. 389 ff.

29 Vgl. Wilhelm Stählin, Gleichnisrede und Gleichnisdenken, in: Symbolon. Vom gleichnishaften Denken. Stuttgart 1958, S. 31 ff.

30 Vgl. Heinz Zahrnt, Gott kann nicht sterben. Wider die falschen Alternativen in Theologie und Gesellschaft. München 1970, S. 234 f.

31 Herbert Braun, Jesus. Der Mann aus Nazareth und seine Zeit. (Themen der Theologie, hrsg. von H. J. Schultz Bd. I) Stuttgart/Berlin 2. Aufl. 1969, S. 168

32 Matthäus 18, 21–35

33 Matthäus 6, 12

34 Willi Massa, Schweigen und Wort. Vorträge zur Meditation im Stil des Zen. Kevelaer 1974, S. 45

35 Zit. Bei Willi Massa a. a. O. S. 43

36 1. Joh. 4, 16

37 Anders Nygren, Eros und Agape. Gestaltwandlungen der christlichen Liebe. Deutsch, Gütersloh 2. Aufl. 1954

38 Ebd. S. 147

39 Karl Barth, Kirchliche Dogmatik Bd. IV/2, Zürich 1955, S. 825 ff.
40 Ebd. S. 833 f.
41 Ebd. S. 840 f.
42 Ebd. S. 847
43 Ebd. S. 835
44 Emil Brunner, Eros und Liebe. Vom Sinn und Geheimnis unserer Existenz, Hamburg 1952, S. 41 f.
45 Karl Barth a. a. O. S. 848
46 Josef Pieper, Über die Liebe. München 1972, S. 104 f.
47 Ebd. S. 109
48 Matth. 16, 21 ff.
49 Matth. 16, 24–26; Mark. 8, 34–36; Luk. 9, 23–25
50 Matth. 26, 69 ff.
51 Galater 2, 20
52 Karl Barth, Kirchliche Domatik Bd. III/4, Zürich 1957 S. 441
53 Ernst Käsemann, Die Gegenwart des Gekreuzigten, in: Christus unter uns. Vorträge in der Arbeitsgruppe Bibel und Gemeinde des 13. Deutschen Evangelischen Kirchentages Hannover 1967, Stuttgart/Berlin 1967, S. 17 f.
54 Paul Schütz, Gesammelte Werke Bd. I, Hamburg 1966, S. 322
55 Röm. 3, 28
56 Paul Tillich, Systematische Theologie Bd. II, Stuttgart 1958, S. 89 ff.
57 Jürgen Moltmann, Der gekreuzigte Gott. Das Kreuz Christi als Grund und Kritik christlicher Theologie. München 1972, S. 21
58 Philipper 2, 6–8. Dazu Ernst Käsemann, Kritische Analyse von Phil. 2, 5–11, in: Exegetische Versuche und Besinnungen Bd. 1 und 2, 5. Aufl. Göttingen 1967, S. 51 ff.
59 2. Kor. 8, 9
60 Matth. 20, 18 f.
61 Matth. 26, 45 ff.; Joh. 18, 4 ff.
62 Joh. 18, 37
63 Mark. 15, 15
64 Joh. 19, 11
65 Luk. 23, 34
66 Joh. 19, 26 f.

67 Joh. 10, 18

68 Dorothee Sölle, Phantasie und Gehorsam. Überlegungen zu einer künftigen christlichen Ethik. 2. Aufl. Stuttgart/Berlin 1968, S. 63 f.

69 Dies., Das Recht ein anderer zu werden (Reihe Theologie und Politik Bd. 1) Neuwied/Berlin 1971, S. 39

70 Dies., Phantasie und Gehorsam a. a. O. S. 65

71 Phil. 2, 9–11

72 Ernst Käsemann a. a. O. S. 81

73 Phil. 2, 5

74 2. Kor. 5, 17

75 Jürgen Moltmann a. a. O. S. 20 f.